Recommandé au lecteur.

On lit toujours avec peu de plaisir un volume sali, dé cousu, à feuillets froissés ou déchirés. Mais comme les livres dont on a soin demeurent après de très-nombreuses lectures, entiers, nets et comme neufs, il dépend des lec teurs de les maintenir en ce bon état de conservation. Les précautions suivantes leur sont, à cet effet, recom mandées :

Tenir les livres, lorsqu'on les lira, revêtus d'une couverture de pa pier, par exemple d'un morceau de journal.

Lire en ayant, autant que possible, le livre placé devant soi sur une table débarrassée de tout ce qui pourrait le salir.

A défaut de table, tenir le livre ouvert dans la main, en évitant de laisser traîner sur les pages un doigt qui ne manquerait pas d'y mar quer sa trace, en évitant aussi de le replier sur lui-même, les plats renversés l'un sur l'autre, ce qui le briserait ou ferait sortir les feuil lets.

Ne point marquer d'un pli ou (comme on dit) d'une corne la page à laquelle on s'arrête : une marque est inutile au lecteur attentif. Celui qui croira devoir en faire usage placera dans le volume une petite bande de carte ou de papier que l'on pourra au besoin demander au bibliothécaire.

Ne jamais tourner les feuillets en les froissant avec un doigt mouillé.

Prendre garde qu'il ne soit fait ni écritures ni taches, soit sur la cou verture, soit à l'intérieur du livre.

Renfermer le volume dans un meuble aussitôt après chaque lecture.

Ces soins sont prescrits dans l'intérêt de la bibliothè que et de tous les lecteurs. On ne doute pas que chacun d'eux n'ait à cœur de les observer.

Paris. — A. PARENT, imp. de la Société Franklin, r. M.-le-Prince, 31.

LES BALLONS

PENDANT

LE SIÉGE DE PARIS

LES BALLONS

PENDANT

LE SIÉGE DE PARIS

RÉCITS

DE

60 VOYAGES AERIENS

RÉUNIS ET MIS EN ORDRE

PAR

G. DE CLERVAL.

DEUXIÈME ÉDITION

Avec documents complémentaires, pages 144 et suiv.

SE VEND AU PROFIT DES VICTIMES DE LA GUERRE.

Prix: 1 fr. 50

PARIS

F. WATTELIER, LIBRAIRE-ÉDITEUR

19, rue de Sèvres, 19

ET DANS LES GARES DE CHEMINS DE FER

—

1872

AUX AÉRONAUTES FRANÇAIS.

C'est justice, messieurs, de vous dédier
ce petit livre, car vos intéressants récits
que j'ai groupés et coordonnés en sont
le principal attrait. En les rassemblant,
j'ai cru me rendre utile au public, qui
sera heureux de trouver réunis, en un
seul volume, des documents épars qu'il
avait grand intérêt à conserver.

J'ai cru me rendre utile aussi aux victimes de l'épouvantable guerre de 1870-
1871; le produit de cet ouvrage leur est
destiné, et il dépend de vous, cher lecteur,
que ce produit soit abondant et promptement réalisé. Chaque acheteur que vous
procurerez à ce petit volume apportera
son obole pour l'œuvre des victimes de la
guerre.

Et vous, courageux aéronautes, vous

aurez ainsi contribué à secourir vos frères ruinés par l'invasion.

Laissez-moi vous exprimer ici les remerciments des mères, des femmes, des sœurs, qui, grâces à vous, ont pu recevoir pendant ce long et héroïque siége, les lettres si chères de leurs fils, de leurs maris, de leurs frères.

Vous avez bravé les dangers des balles prussiennes, de la captivité, des naufrages ou des chûtes effroyables, pour encourager la province en lui montrant Paris sublime. Vous avez bien mérité de la Patrie !

INTRODUCTION.

On se rappelle que l'investissement de Paris commença au milieu de septembre 1870. La grande ville, qui naguère donnait le ton à toute l'Europe, allait se trouver tout à coup, et pendant près de cinq mois, complètement isolée du reste du monde.

Les chemins de fer de l'Est, du Nord et de l'Ouest supprimèrent leurs trains le 14 septembre. Les Prussiens avaient tiré, près de Chantilly, sur un train de voyageurs inoffensifs. Le même fait se reproduisit à Juvisy, et les derniers convois pour Orléans et Bordeaux ne partirent qu'aux risques et périls des voyageurs. Le 18 septembre, l'investissement fut complet. On avait toujours considéré comme impossible l'exécution d'un blocus aussi rigoureux. Mais ce qui était regardé comme également impossible, et ce qui a fait l'admiration du monde entier, c'est la longue et héroïque résistance de Paris.

D'autres célèbreront cette épopée et diront ce qu'il a fallu de dévouement, d'abnégation, de courage indomptable, pour organiser cette résistance.

Constatons seulement que nos ennemis eux-mêmes ont été obligés de rendre hommage à l'héroïsme parisien, et que, si la famine a triomphé, au moins l'honneur a été sauf et bien sauf.

Nous avons choisi un coin de cet immense tableau, une scène de ce drame gigantesque, et nous avons pensé que le récit des aventures des différents aéronautes qui ont quitté Paris pendant le siége, offrirait un grand intérêt. Nous avons donc groupé méthodiquement tous les renseignements que nous avons pu recueillir sur ces voyages aériens.

Nous ne sommes plus en présence des conceptions imaginaires de Cyrano de Bergerac; c'est la froide réalité qui va nous émouvoir et nous charmer.

Paris, sans nouvelles de ce qui se passait au dehors, comme sans possibilité de transmettre ses instructions à la province, imagina d'utiliser, comme moyen de transport postal, la belle découverte de Montgolfier. Les ballons, d'abord employés comme observatoires militaires, devinrent, peu après, un mode presque régulier de communications postales.

« C'est, disait le directeur général des postes, le moyen de transport le plus économique que j'aie jamais employé. Un ballon de coton de deux mille mètres cubes coûte environ *cinq mille francs*. Il peut enlever facilement, avec deux aéronautes, 400 kilogrammes de lettres de quatre grammes, ce qui fait cent mille lettres à vingt centimes. Ces lettres ont donc rapporté *vingt mille francs* à l'administration des postes ; elles quittent Paris dans un véhicule aérien qui ne représente que le cinquième de la valeur des timbres-postes qu'il enlève avec lui. »

Pendant le siége, l'administration des postes fit partir 55 ballons qui ont emporté environ 2 millions 500,000 lettres, représentant un poids total de 10,000 kilogrammes.

Il est parti :

26 ballons de la gare d'Orléans, tous conduits par des matelots ;
16 — de la gare du Nord, montés par des aéronautes ;
3 — de la gare de l'Est, dans les derniers jours du siège ;
3 — de la place St-Pierre, à Montmartre ;
2 — du Jardin des Tuileries ;
2 — du Boulevard d'Italie ;
1 — de Vaugirard ;
2 — de La Villette (les Ballons-Jumeaux).

Si nous ajoutons à ces 55 ballons, les 5 qui sont partis sans mission postale, nous arrivons au chiffre de 60 voyages aériens entrepris pendant le siège.

Il n'y a eu qu'un seul ballon libre pour les cartes

poste; il partit le 30 septembre, en même temps
que le *Céleste*, monté par M. Gaston Tissandier. Les
autres cartes-poste ont été confiées à des ballons
montés.

Nous résumons en un seul tableau les 60 voyages
aérostatiques dont on trouvera les détails dans
notre volume.

NOMS DES BALLONS.	AÉRONAUTES	DATES des DÉPARTS	LIEUX D'ATTERRISSEMENT
Neptune	Duruof	23 sept.	près Évreux
Ville de Florence	Gabriel Mangin	23 sept.	Vernouillet
États-Unis	Gourlin et Godard	29 sept.	Mantes
Céleste	Gaston Tissandier	30 sept.	Dreux
Armand Barbès	Trichet	7 oct.	Montdidier
Washington	Bertaut	12 oct.	Cambrai
Louis Blanc	Farcot	id.	Inconnu
God. Cavaignac	Godard père	14 oct.	près Bar-le-Duc
Guillaume Tell (ou *Jean-Bart*)	Albert Tissandier	id.	Nogent-sur-Seine
Jules Favre 1er	Louis Godard	16 oct.	Inconnu
Jean-Bart (ou *G. Tell*)	Labadie	id.	Idem
Victor Hugo	Nadar	18 oct.	Idem
Lafayette	Jossec	19 oct.	Idem
Garibaldi	Iglésia	22 oct.	Idem
Montgolfier	Hervé-Séné	25 oct.	Idem
Vauban	Guillaume	27 oct.	près Verdun
Colonel Charras	Gilles	29 oct.	Inconnu
Fulton	Le Gloënnec	2 nov.	près Angers
Ferdin. Flocon	Vidal	4 nov.	Inconnu
Galilée	Husson	id.	près Chartres

NOMS DES BALLONS.	AÉRONAUTES.	DATES des DÉPARTS	LIEUX D'ATERRISSEMENT
Ville de Château-dun	Bose	6 nov.	Reclainville (Eure-et-Loir)
Gironde	Galley	8 nov.	près Conches
Daguerre	Jubert	12 nov.	Ferrières (capturé)
Niepce	Pagano	id.	près Vitry-le-Français (échappé)
Général Uhrich	Lemoine père	18 nov.	Luzarches (S et O.)
Archimède	Jules Buffet.	21 nov.	Castelzé (Hollande)
Ville d'Orléans	Rolier	24 nov.	Christiania (Norvège)
Jacquart	Prince	28 nov.	Honfleur (?)
Jules Favre 2º	Alfred Martin	30 nov.	Belle-Isle-en-mer
Franklin	Marcia	3 déc.	près St-Nazaire
Denis Papin	Daumalin	7 déc.	La Ferté-Bernard (Sarthe)
Général Renault	Joignerey	11 déc.	Neuchâtel (Seine-Inférieure)
Ville de Paris	Delamarne	15 déc.	Wetzlar (Nassau)
Parmentier	Louis Paul	17 déc.	Silly (Orne ?)
Gutemberg	Perruchon	id.	Idem
Davy	Chaumont	18 déc.	Nuits (Côte-d'Or)
Général Chanzy	Verreck	20 déc.	Inconnu
Lavoisier	Ledret	22 déc.	Beaufort (Maine-et-Loire)
Délivrance	Gauchet	23 déc.	Inconnu (sauvé)
Tourville	Moutet	27 déc.	Eymouthiers (Hte-Vienne)
Bayard	Reginensi	29 déc.	La-Mothe-Achard (Vendée)
Armée de la Loire	Lemoine fils	31 déc.	Monthizot (Sarthe)
Newton	Ours	4 janv.	Mortagne
Duquesne (à 2 hélices)	Richard et 3 matels	9 janv.	Reims (dépêches sauvées)

NOMS DES BALLONS.	AÉRONAUTES.	DATES des DÉPARTS	LIEUX D'ATERRISSEMENT.
Gambetta	Duvivier	10 jan.	Inconnu (dépêches sauvées)
Képler	Roux	11 jan.	Laval
Gén. Faidherbe	Van Seymortier	13 jan.	Libourne
Vaucanson	Clériot	15 jan.	dans le Nord
Poste de Paris	Turbiaux	18 jan.	en Hollande
Génér. Bourb·ki	Mangin jeune	20 jan.	Inconnu
Gén. Daumesnil	Robin	22 jan.	en Belgique
Torricelli	Bely	24 jan.	dans l'Oise
Richard Wallace	Emile Lacaze	27 jan.	paraît avoir fait naufrage
Gén. Cambronne	Tristant	28 jan.	Saint-Georges-le-Gaultier
Georges Sand	X...	7 oct.	p. Roye (Somme)
Liberté	enlevé avant d'être monté	17 oct.	Inconnu
Egalité	W. de Fonvielle	25 nov.	près de Louvain
Volta	Lechapelain	2 déc.	près St-Nazaire
Bat. de Paris	X...	30 nov.	Inconnu
Monge	Raoul	13 janv	Idem

(à gauche, verticalement : sans mission postale)

Il y a des noms qui semblent prédestinés. Ainsi le *Vauban* est allé tomber dans les lignes prussiennes, de même que le *Galilée* et le *Daguerre*. La *Liberté* tenait tellement à justifier son nom, qu'elle s'est envolée sans aéronaute. Enfin, la *Ville de Paris* est allée atterrir dans le duché de Nassau, en pleine Allemagne. Au moment de la signature de l'armistice, plusieurs aérostats étaient encore dans les ateliers, tout prêts à prendre leur essor. C'étaient le *Monthyon*, le *Réaumur*, le *Guillaume Tell*, l'*Union des peuples* (ce dernier frété par plusieurs négociants).

Nous allons reprendre maintenant, dans leur ordre successif, les récits détaillés des aventures survenues aux aérostats que nous venons d'énumérer rapidement.

—

I

Après des essais infructueux pour envoyer des piétons ou des voitures en province, l'idée des ballons se présenta. Le mois de septembre fut consacré à des tentatives dont le succès amena bientôt une organisation régulière. M. Rampont, directeur des postes, s'adressa d'abord à M. Nadar, puis à M. Mangin, propriétaire d'un ballon servant aux fêtes suburbaines. Ce dernier n'ayant pu être prêt le 21 septembre, à cause du mauvais état de son aérostat, le premier départ eut lieu dans le *Neptune*, acheté à M. Nadar, et qui servait à des observations militaires à la place Montmartre.

Le *Neptune* s'éleva de la place St-Pierre, à Montmartre, le 23 septembre, à 7 heures 45 du matin, monté par l'aéronaute Duruof, et emportant

103 kilogrammes de lettres. Il monta comme la flèche et vint atterrir heureusement non loin d'Evreux. Une foule considérable assistait au départ, et applaudit à cette hardie tentative de communication aérienne. Chacun était ému en pensant que ce nouveau messager allait porter à des mères des lettres de leur fils, à la France des nouvelles de Paris investi.

Deux jours après, M. Gabriel Mangin, qui avait terminé ses préparatifs, partit de Gentilly (boulevard d'Italie), à 11 heures du matin, dans la *Ville de Florence*, emportant M. Lutz (du Rhône) et 104 kilogrammes de dépêches. Le vent d'Est soufflait régulièrement et l'aéronaute put descendre à bon port près de Vernouillet.

Dans le parcours de Vernouillet à Mantes, M. Gabriel Mangin traversa Mézières, et là il compta 77 maisons que l'ennemi avaient brûlées la veille, pour punir le village de la mort de deux uhlans.

M. Mangin coucha dans le bois de Malville, au milieu d'un camp de soldats de toutes armes échappés de Sedan ; le matin, une fusillade s'engagea près de la gare de Mantes, entre les dragons prussiens et les Français.

Le commandant donna pour guide à M. Mangin un officier de marine qui le conduisit à Rosny ; les deux fugitifs étaient pourchassés par les dragons, traqués dans les taillis : écrasés de fatigue, ils ar-

rivèrent à Poissy à 5 heures du soir seulement; l'of-
cier de marine y fut laissé ayant une balle dans le
mollet.

Là finit la partie périlleuse du voyage.

Le troisième départ fut celui de MM. Louis Godard
et Courtin qui s'éloignèrent de l'usine de la Villette
le 29 septembre vers 9 heures du matin. Ils em-
ployèrent deux vieux ballons, reliés ensemble par
une poutre légère attachée aux deux nacelles, et
soutenus par un troisième petit ballon. C'est sans
doute cette circonstance qui a donné lieu à la fable
d'un combat aérien entre deux ballons, fable
reproduite par plusieurs journaux. Ces deux aérostats s'appelaient les *Etats-Unis*.

MM. Courtin et Godard semèrent à pleines poignées
sur les lignes ennemies une proclamation, impri-
mée en allemand et en français à plusieurs milliers
d'exemplaires, et qui adjurait les Allemands de ne
plus se laisser dominer par l'ambition prussienne
et leur proposait une alliance fraternelle entre les
deux peuples, en respectant le territoire de chacun
d'eux.

Puis les deux aéronautes atterrirent au-delà de
Mantes, avec 83 kilogrammes de lettres et 6 pigeons.

Quand on connut le succès de ces trois premiers
voyages, la plus vigoureuse impulsion fut donnée
à la construction de nouveaux aérostats. M. Eugène
Godard, si expérimenté en pareille matière, fut
chargé de l'installation d'un atelier de fabrication à

2

la gare d'Orléans, de manière à ce que l'administration eût toujours à sa disposition un certain nombre de ballons et d'aéronautes tout prêts.

Une seconde société, celle de MM. Yon et Dartois, primitivement dirigée par M. Nadar, rivalisa d'activité et de patriotisme avec la première, et s'installa d'abord au jardin des Tuileries, puis à la gare du Nord.

Les traités passés entre l'administration des postes et ces constructeurs contenaient les dispositions suivantes que M. Nadié a résumées dans le *Journal officiel* :

Les ballons devaient être de la capacité de 2,000 mètres cubes, en percaline de première qualité, vernie à l'huile de lin, munis d'un filet en corde de chanvre goudronné, d'une nacelle pouvant recevoir quatre personnes et de tous les apparaux nécessaires : soupape, ancres, sacs de lest, etc.

Les ballons devaient supporter l'expérience suivante : Remplis de gaz, ils devaient demeurer pendant dix heures suspendus, et, après ce temps d'épreuve, soulever encore un poids net de 500 kilogrammes.

Les dates de livraison étaient échelonnées à époques fixes : 50 fr. d'amende étaient infligés aux constructeurs pour chaque jour de retard. Le prix d'un ballon remplissant ces conditions était de 4,000 francs, dont 300 francs pour l'aéronaute, que procurait le constructeur. Le gaz était à part. C'est ce prix qui a été primitivement payé par la direction générale des postes, au comptant, aussitôt l'ascension effectuée, le ballon hors de vue. Il a été réduit postérieurement à 3,500 fr., plus 500 fr., dont 300 fr. pour le gaz et 200 fr. pour l'aéronaute. A ces frais il faut ajouter des sommes pour valeur d'accessoires, dont le montant a varié de 300 à 600 fr. par ascension. Le *Davy*, ne cubant que 1,200 mètres, n'a coûté que 3,800 fr.

En ce qui concerne les cartes-poste, la direction des postes avait passé avec M. Godard un contrat pour la construction de petits ballons en papier double, huilé, de 6 à 7 mètres de diamètre, garnis d'un filet et d'une nacelle et pouvant supporter, après sept heures de remplissage au gaz d'éclairage, un poids net de 50 kilogrammes. Le prix de ces ballons était fixé à 150 fr., tous frais compris, et payés aussitôt l'ascension opérée.

Mais la diminution croissante du poids des lettres à confier aux ballons montés, par suite de l'avis que la préférence serait accordée aux lettres les plus légères, permit de renoncer à ce mode d'expédition, qui était évidemment des plus hasardeux. Aussi, les cartes-poste recueillies depuis ont-elles été transmises par les ballons montés.

Nous croyons devoir compléter ce premier chapitre par quelques renseignements sur la fabrication des aérostats, sur la dimension, le volume et le poids des différents appareils qui constituent l'ensemble d'un ballon.

Ces détails sont empruntés à une communication de M. Godard :

Il faut distinguer dans un aérostat la soupape, le ballon proprement dit, le cercle de suspension, la nacelle et les agrès.

La soupape est un cercle en chêne de 0,80 de diamètre, muni de deux portes battantes semi-circulaires, qui s'ouvrent du dehors en dedans et se maintiennent hermétiquement appliquées sur la feuillure de base, grâce à un parfait dressage des surfaces et à une forte bande d'élastique qui fait fonction de ressort. Ces deux portes se manœuvrent, du bas de l'aérostat dans la nacelle, à l'aide d'une corde, lorsqu'on veut lâcher du gaz.

Le ballon est une sphère de percaline de 15 mètres 75 de diamètre, ce qui correspond à une circonférence de 49 mètres 48, à une surface totale extérieure de 779 mètres 30 carrés, et à un volume de 2,045 mètres 65 c. cubes. Cette sphère est obtenue à l'aide de 40 fuseaux. Chacun d'eux est composé de trois pièces : deux morceaux pour les calottes polaires, et un morceau, fraction de la zone équatoriale, de 1 mètre 237 de largeur maxima.

Les fuseaux sont taillés dans une percaline vernissée, puis séchée au préalable. Après le découpage, les fuseaux sont réunis entre eux par ordre (généralement alternés en couleurs), à l'aide d'une double couture soigneusement faite à la main, avec du fil très-fort de Rennes.

Une fois le ballon obtenu en sphère, il est retourné comme un gant (expression consacrée), verni à l'intérieur avec le plus grand soin, retourné à nouveau et verni finalement à l'extérieur. Le séchage rapide se pratique à l'aide d'une insufflation d'air, produite par un ventilateur.

Le ballon est ensuite fixé et attaché soigneusement par la partie supérieure à la soupape, par la partie inférieure à un petit cercle en bois très solide, de 80 centimètres de diamètre, qui se prolonge en un tube en toile de 2 mètres 50 de longueur, par lequel on met l'aérostat en communication avec le tuyau de décharge du gazomètre de l'usine à gaz.

Un filet en corde de chanvre goudronné, très-solide, est très régulièrement fixé à la partie supérieure autour du cercle de la soupape et ramené symétriquement sur la sphère jusqu'à la partie inférieure au grand cercle de suspension, qui, situé à deux mètres en contre-bas du pôle inférieur du ballon, a deux mètres de diamètre et s'attache à l'aide de quarante gabillots qui reçoivent également la nacelle.

La nacelle est un panier d'osier très solide, de 1 mètre 10 de hauteur, 1 mètre 40 de largeur et 1 mètre 10 de profondeur, contenant deux banquettes. Les câbles de suspension sont nattés dans l'osier. Elle présente également une série de gabillots destinés à recevoir intérieurement les sacs de dépêches, les sacs de lest, etc.; extérieurement, des paquets, les cages de pigeons, etc.

Du cercle de suspension au fond de la nacelle, il y a 2 mètres de hauteur, de sorte que la hauteur totale de tout l'appareil aérostatique est de 20 mètres 75.

La nacelle reçoit un baromètre, un thermomètre, une boussole, une lampe de mineur, quelques cartes, vingt banderolles de papier de 20 mètres de longueur, destinées à être déployées pendant la marche pour apprécier le vent, un oriflamme avec le nom du ballon, un triangle en papier monté comme un cerf-volant, de façon à permettre des observations sur les courants et la vitesse, un

parachute régulateur, etc.; 30 à 40 sacs de lest, contenant
15 kilogrammes de sable fin, une ancre en fer de 1 mètre
20 de hauteur et 0 mètre 80 de largeur; un *guide-rope*
de 200 mètres de longueur, moitié en spart, moitié en
chanvre; deux cordes d'amarre, etc.

Le poids total du ballon brut est de 1,100 kil. tout compris, en dehors du poids des dépêches, des voyageurs et des
colis.

Le ballon vernissé pèse 212 kilog; le filet, 56 kilog.; le
cercle de suspension 11 kilog.; l'ancre, 25 kilog.; la corde
d'amarre, 16 kilog.; le *guide-rope;* 16 kilog.; la nacelle,
50 kilog.; poids total 386 kilog.

Un ballon prend 12 jours de fabrication.

Pour lancer le ballon, on le dégageait, à mesure du
gonflement, des sacs de lest qui le retiennent à terre: on
chargeait la nacelle de tout son poids de chargement,
plus le poids des trois aéronautes, désignés pour les pro-
chains départs, et lorsque le ballon se levait de terre
et se balançait, les trois marins descendaient à la fois
rapidement des cordages. La différence de poids suffisait
pour produire l'ascension à environ 2,000 mètres de
hauteur.

M. Nadar a écrit un petit *vade mecum* de 8 pages auto-
graphiées, dans lequel sont indiquées les précautions à
prendre pour le départ et la descente.

Le lendemain du départ des *Etats-Unis*, l'aérostat *le Céleste* emportait M. Gaston Tissandier
que nous allons laisser raconter lui-même son
voyage aérien.

« Le vendredi, 30 septembre, le ballon le *Cé-*

leste, cubant 800 mètres cubes, se gonflait à Paris à l'usine de Vaugirard, d'où s'entendaient quelques canonnades assez fournies. A 9 heures 30 m., il bondissait sous l'effort de la brise; il était prêt à partir. Le directeur des postes me remet 100 kilogrammes de lettres particulières, c'est-à-dire 25,000 épîtres qui feront en France vingt-cinq mille heureux, si elles ne tombent pas avec moi dans les lignes prussiennes. J'attache au cercle ma cage des pigeons voyageurs, j'écoute les dernières recommandations que me fait un des membres du gouvernement provisoire qui m'a fait l'honneur de me confier une mission à Tours, et je m'élève avec une vitesse modérée qui me conduit à mille mètres d'altitude.

Quelques secondes après je plane au-dessus des fortifications de Paris, je cherche des Prussiens, et à mon grand étonnement, je n'en vois pas de ce côté, les environs de notre capitale sont déserts, abandonnés ; pas un passant sur les routes, pas un canot sur la Seine ; on dirait une cité antique abandonnée depuis des siècles par ses habitants. Mais au loin j'aperçois des fumées, j'entends la voix terrible du canon qui monte jusqu'à mes oreilles, en m'apprenant qu'une action s'engage autour de Paris.

Bientôt c'est Versailles qui se déroule à mes pieds, Versailles, ce joyau de la France, souillé par les ennemis; j'aperçois dans le parc des patrouilles qui passent, des sentinelles qui me regardent et quelques uhlans qui sommeillent sur le tapis vert. Ce spectacle m'attriste, et je dirige mes yeux vers l'est de Versailles où j'aperçois un petit campement prussien. Je jette des proclamations imprimées en allemand au milieu des soldats, et ces messieurs me répondent par une fusillade qui ne peut m'atteindre dans les régions où je plane.

Le soleil est ardent, et mon ballon reste suspendu dans l'air. En glissant doucement sur ses flots invisibles, j'ai sous les yeux le plus admirable spectacle que l'on puisse voir. A l'horizon, c'est un vaste cercle de brume qui encadre la riche campagne qui s'étend au loin. Le vent me conduit vers l'Ouest, je passe sur la partie supérieure de la forêt de Rambouillet.

J'aperçois là encore quelques Prussiens, mais au-delà de Houdan je cesse d'en voir. Mon passage à 500 mètres au-dessus des bois a singulièrement refroidi le gaz qui gonfle les toiles du *Céleste*, et à compter de ce moment je suis forcé de jeter par dessus bord de grandes quantités de lest. Bientôt j'aperçois Dreux à l'horizon; je m'approche de terre à 50 mètres, et voyant des paysans qui accourent, je leur crie de toutes mes forces: «Avez-vous des Prussiens chez vous? — Non, non, » me fut-il répondu.

Là-dessus, tranquille et confiant, je me dispose à

donner un coup de soupape, mais un vent descen-
dant me saisit subitement, et me précipite à terre
avec une violence extrême, avant que je n'aie eu le
temps de jeter mon ancre. Je reçois un choc terrible, la nacelle se renverse et je suis presque préci-
pité en dehors de mon panier. Je jette mon dernier
sac de lest par dessus bord, mais le ballon crevé ne
veut plus s'enlever; heureusement que j'ai le temps
de saisir mon couteau pendant un trainage assez
violent et de jeter enfin à terre mon ancre, que saisissent avec empressement les habitants de Dreux.

Le vent est assez vif, et mon ballon se fend littéralement d'un bout à l'autre au moment même
où il est arrêté.

Je sors mes sacs de dépêches de la nacelle et je
les porte moi-même dans une voiture au bureau de
poste de Dreux ».

Un ballon libre s'éleva le même jour de Gentilly,
avec 4 kilogrammes de cartes-poste. Nous avons dit
pourquoi ce fut le seul.

Ici se termine la première série des ballons du
siége. Ces véhicules aériens allaient bientôt transporter non-seulement des dépêches, mais encore des
personnages politiques.

II.

Avec le mois d'octobre, allaient commencer les départs réguliers des ballons postaux, construits en exécution des traités que nous avons mentionnés.

Nous arrivons à l'un des plus dramatiques voyages aériens entrepris pendant le siège de Paris, le voyage de M. Gambetta. Voici d'abord, d'après le *Moniteur* (de Tours), le récit de cette dangereuse traversée :

« Vendredi 7 octobre à 11 heures du matin, deux ballons, l'*Armand-Barbès* et le *George-Sand* partaient de Paris, de la place Saint-Pierre, à Montmartre.

Le premier, conduit par l'aéronaute Trichet, portait M. Léon Gambetta et son secrétaire, M. Spuller. Dans le second se trouvaient, outre l'aéronaute, deux Américains et M. Etienne Cuzon, avocat, sous-préfet de Redon (Ille-et-Vilaine), qui se rendait à son poste par la voie aérienne. Les deux ballons contenaient des pigeons, et le premier portait de plus dix kilos de dépêches.

Poussés par un vent très faible du sud-est, les aérostats ont laissé Saint-Denis sur la droite; mais à peine avaient-ils dépassé la ligne des forts, qu'ils ont été assaillis par une fusillade partie des avant-postes prussiens, quelques coups de canon ont été aussi tirés sur eux. Nos ballons se trouvaient alors à la hauteur de 600 mètres, et les voyageurs aériens ont entendu siffler les balles autour d'eux. Ils se sont alors élevés à une altitude qui les a mis hors d'atteinte, ; mais, par suite de quelque accident ou de quelque fausse manœuvre, le ballon qui portait le ministre de l'intérieur s'est mis à descendre rapidement, et il est venu prendre terre dans un champ traversé quelques heures avant par des régiments ennemis, et à une faible distance d'un poste allemand. En jetant du lest, il s'est relevé, et a continué sa route. Il n'était qu'à deux cents mètres de hauteur lorsque, vers Creil, il a reçu une nouvelle fusillade, dirigée sur lui par des soldats wurtembergeois. En ce moment, le danger était grand ; heureusement les soldats ennemis avaient leurs armes en faisceaux; avant qu'ils les eussent saisies, le ballon, allégé de son lest, remontait à huit cent mètres ; les balles ne l'ont pas plus atteint que la première fois, mais elles ont passé bien près des voyageurs, et M. Gambetta a eu même la main effleurée par un projectile.

L'*Armand-Barbès* n'était pas au terme de ses aventures. Manquant de lest, il ne se maintint pas à une élévation suffisante ; il fut encore exposé à une salve de coups de fusils partie d'un campement prussien placé sur la lisière d'un bois, et alla, en passant par-dessus la forêt, s'accrocher aux plus hautes branches d'un chêne, où il resta suspendu ; des paysans accoururent, et, avec leur aide, les voyageurs purent prendre terre près de Montdidier, à 3 heures moins un quart. Un propriétaire du voisinage passait avec sa voiture, il s'empressa de l'offrir à M. Gambetta et à ses compagnons, qui eurent bientôt atteint Montdidier, et se dirigèrent sur Amiens. Ils y arrivèrent dans la soirée et y passèrent la nuit.

Le voyage du second ballon a été marqué par moins de péripéties. Après avoir essuyé la première fusillade, il a pu se maintenir à une assez grande hauteur pour éviter un nouveau danger de ce genre, et il est allé descendre, à 4 heures, à Crémery, près de Roye, dont les habitants ont très bien accueilli les voyageurs.

Le lendemain, samedi, l'équipage du second ballon rejoignait celui du premier à Amiens, et l'on partait ensemble de cette ville, à midi. »

Un autre récit, publié par le *Français*, contient quelques détails supplémentaires qu'on lira avec intérêt :

« Ce n'est pas un ballon, mais deux ballons qui,

cette fois, sont partis de Paris, et, pendant une
grande partie du trajet, ils ont navigué de conserve,
à 100 mètres de distance. En élevant la voix, on
pouvait se parler d'un ballon à l'autre.

Dans l'un se trouvaient M. Gambetta et M. Spuller,
ancien rédacteur du *Journal de Paris,* actuellement
secrétaire du ministre de l'intérieur; dans l'autre
un fonctionnaire du gouvernement, et deux Américains qui ont, en l'air, déjeuné confortablement,
avec le sang-froid qui caractérise leur nation.

Deux *aérostiers* du gouvernement, c'est le mot
consacré, conduisaient les ballons.

Ces ballons sont tout simplement en coton, recou-
vert d'une couche de vernis. On croyait jusqu'ici
que la soie était indispensable, et la quantité de
tissu nécessaire rendait fort dispendieuse la construction des aérostats. Il en est, comme celui de
Nadar, qui ont coûté plus de 60,000 fr., rien que
pour l'étoffe! L'expérience actuelle, couronnée d'un
plein succès, réalise une économie énorme : la dépense n'excède pas 4,000 fr., et, dans ces conditions,
les ballons peuvent être aisément multipliés.

Voilà donc nos voyageurs dans l'espace. Partis de
Paris vendredi, vers dix heures et demie, ils s'éle-
vèrent aussitôt à une grande hauteur et passèrent
au milieu des lignes prussiennes sans pouvoir les
discerner. Ils n'avaient du reste aucun instrument
d'observation et ne possédaient qu'une boussole.

Après plusieurs heures, le ballon de M. Gambetta,

qui marchait en avant, se croyant suffisamment
éloigné des territoires occupés par l'ennemi, voulut
atterrir, et descendit à 200 mètres. Mais, ô surprise,
on aperçut alors des soldats prussiens, non moins
stupéfaits, de leur côté, de voir apparaître l'aérostat.

Heureusement ces soldats étaient sans armes.
Leurs fusils, groupés en faisceaux, étaient à cent
pas de là, devant une ferme. Ils se précipitèrent
pour les saisir, mais les voyageurs, en face d'un si
pressant danger, se hâtèrent de remonter. On jeta
du lest, on jeta les couvertures, on jeta tout ce qui
pouvait alléger le ballon ; en une minute l'esquif
aérien reprit son vol dans les régions supérieures,
non toutefois sans avoir entendu les balles siffler
autour de lui. Quelques-unes même atteignirent et
trouèrent le tissu, mais l'inconvénient est médiocre,
paraît-il. Un boulet, nous dit l'aéronaute, pourrait
traverser le ballon de part en part sans compromet-
tre son existence, la déperdition du gaz ne se faisant qu'avec une extrême lenteur. (Cette opinion
nous paraît très-contestable).

Après cette alerte, les voyageurs poursuivirent
leur course, et vers quatre heures de l'après-midi,
se jugeant à distance de l'ennemi, ils se décidèrent
à prendre terre.

Mais là, nouvel incident. Le ballon de M. Gambetta tomba sur un arbre, la nacelle s'embarrassa
dans les branches, et le ministre un instant se

trouva la tête en bas, retenu aux cordages par les pieds.

Enfin, tout se termina sans encombre, et l'on gagna pédestrement la petite ville de Roye (Somme), aux portes de laquelle s'était opéré l'atterrissement.

A onze heures du soir, M. Gambetta arrivait à Montdidier et frappait à la porte du sous-préfet, fort étonné de recevoir son ministre à pareille heure, et dans un accoutrement singulièrement détérioré par la descente. Peu s'en fallut qu'il ne le prit pour un Prussien !

M. Gambetta ne tarda pas à repartir pour Amiens, d'où le samedi matin, à cinq heures, il expédiait la dépêche qui annonçait son heureux voyage. »

Une personne attachée à l'ambulance de Versailles et qui a vécu quelque temps au milieu des Prussiens, rapporte que M. de Bismark, en voyant passer le premier ballon sorti de la capitale investie, se serait écrié avec colère: « Ce n'est pas loyal ! »

En vérité ! Mais *si non e vero, e ben trovato !*

Le 12 octobre, un nouvel aérostat quittait Paris. La *Gazette de Cambrai* raconta ainsi les péripéties de ce voyage :

Le *Washington*, ballon parti de Paris le 12 au matin, à 7 heures 1/2, est venu quatre heures plus tard, c'est-à-dire vers onze heures 1/2, atterrir à huit kilomètres de Cambrai, près de Carnières, à un endroit appelé *le rio d'Avesnes.*

Conduit par l'aéronaute Bertaut, ce ballon contenait, outre une grande quantité de lettres et de dépêches pour les représentants du gouvernement et
les particuliers, un délégué du ministère des affaires étrangères, M. Lefaivre, envoyé à Vienne avec
des dépêches, et un autre fonctionnaire d'un ordre
plus modeste, qui s'appelle Van Roosebecke, est
belge de naissance et a une spécialité, celle d'élever et de diriger les pigeons....

Le voyage du *Washington* a été singulièrement
accidenté. Au départ, l'aérostat ne s'élevait pas au-
dessus de 500 mètres. A cette hauteur, les projectiles prussiens étaient à craindre: bientôt, en effet,
les balles se mirent à siffler aux oreilles de nos har-
dis voyageurs; quelques-unes même se logèrent
dans la carapace du monstre aérien, ce qui ne con-
tribuait pas peu — en le faisant baisser — à rendre
plus critique encore la position des voyageurs. Il
fallut tout d'un coup recourir aux moyens extrêmes:
tous les sacs de lest furent jetés; le navire s'éleva
rapidement à 1,200 et 1,500 mètres. Il défiait les
balles qui venaient mourir au-dessous de lui; mais
il n'était pas encore à l'abri des boulets qui alors
commencèrent à être envoyés. Le vent devint plus
vif et le danger parut conjuré. Il n'en était rien encore, car une demi-heure après l'aérostat s'abais-
sait de nouveau: il planait sur une ville évidemment occupée par l'ennemi, car pendant plus de
trois quarts d'heure il essuya un feu très-nourri
de mousqueterie.

Les vents semblaient avoir exprès fait trève pour
exposer le courageux équipage aux balles prussiennes.... Enfin le vent, un vent furieux se mit à souf-
fler du sud : c'était le salut ; mais c'était aussi ou
du moins ce pouvait être le péril. Entraîné dans un
tourbillon vertigineux, le ballon parcourait l'espace ; montant et baissant, suivant les courants, il
exécutait la course folle de la tempête. Il s'abaisse
enfin au point de toucher terre, — c'était auprès
de la gare de Cambrai, il se relève et repart dans
les airs, il retombe ; l'aéronaute croit le moment favorable pour jeter l'ancre avec ses quatre cents mètres de câble. Il se hâte. Il dévide rapidement la
corde d'atterrissement ; il n'y a pas une minute, pas
une seconde à perdre, car voilà que le vent rede-
vient plus furieux que jamais, l'ancre va atteindre
la terre, on est sauvé, on est au port, le voyage
s'est heureusement effectué. Bravo ! Non, l'aéronaute a été saisi par les plis du câble qui se déroule,
il est entraîné dans l'espace, il tombe. Sa mort paraît certaine ; mais par un bonheur inouï, incroya-
ble, le câble l'a retenu. Dans cette chûte de près de
20 mètres il n'a que de légères contusions, pas
un membre n'est brisé : c'est miraculeux.

Le ballon, abandonné à la direction des deux autres voyageurs, l'envoyé diplomatique et l'éleveur
de pigeons, continue sa course ; l'ancre mord la
terre ; elle fait incliner nacelle et ballon ; la course
continue, on se heurte aux arbres que l'on casse ;

3

dans un choc contre terre, la nacelle rejette encore
un de ses voyageurs, M. Lefaivre ; le dernier qui est
notre Belge, l'éleveur patenté des pigeons voyageurs,
continue de faire preuve du plus grand sang-froid.
S'aidant des cordages qui relient la nacelle au ballon, il s'élève jusqu'à ce dernier, et l'éventre à
coups de couteau ; il en arrache avec les mains de
larges lambeaux d'étoffe. Le monstre enfin se dé-
gonfle ; il s'abat, et les paysans arrivés au nombre
d'environ 200 l'arrêtent.

Le pauvre Belge n'était pas arrivé encore à la fin
de ses malheurs : les paysans le prenaient pour un
Prussien, et ne parlaient de rien moins que de lui
faire un mauvais parti. « Vous ferez de moi ce que
bon vous semblera, leur cria-t-il avec le plus im-
placable sang-froid, mais aidez-moi toujours auparavant à sauver les dépêches que je vous apporte
de Paris. Lacérez, déchirez ce ballon et retenez la
nacelle qui contient d'importantes pièces.... Vous
me retiendrez en même temps si vous voulez. »

Ces paroles prononcées avec la rapidité et la con-
viction que comportaient les circonstances, calmè-
rent les inquiétudes de nos trop soupçonneux
paysans.

Aussitôt arriva l'honorable M. Bricout, conseiller
d'arrondissement et maire de Carnières. Il recueil-
lit le voyageur et sa précieuse cargaison. Bientôt on
eut le bonheur de voir revenir M. Lefaivre, tombé
à quelques centaines de mètres du lieu d'atterrisse-

ment; par un mouvement instinctif, les deux compagnons de voyage, heureux de se retrouver après tant de péripéties sains et saufs, se jetèrent dans les bras l'un de l'autre.

On ne savait pas encore quel avait été le sort du conducteur de l'expédition, de l'aéronaute Bertaut. Un paysan accourt dire qu'il avait également été sauvé et qu'en ce moment on lui donnait, à quelque distance de là, dans une ferme, les soins que comportait son état.

Trois quarts d'heure plus tard, M. Bricout réunissait à sa table les trois voyageurs qui ont pu vers trois heures entrer à Cambrai et conduire à la poste les cinq énormes sacs de dépêches qu'ils apportaient de Paris (400 kilogrammes envion). »

On voit que la poste, encouragée par le succès des premiers ballons, confiait des dépêches beaucoup plus nombreuses aux aéronautes. Un autre ballon, le *Louis Blanc*, partit aussi le 12 octobre, enlevant l'aéronaute Farcot avec M. Traclet, propriétaire de pigeons, et 125 kil. de lettres. La descente fut heureuse.

Deux jours après, le 14 octobre, M. de Kératry, qui s'était démis des fonctions de préfet de police, partait de Paris à 10 heures du matin, dans le *Godefroid-Cavaignac*, avec deux secrétaires, et l'aéronaute Godard père. Il tombait à Brillon, à 9 kilomètres de Bar-le-Duc.

Le *Godefroid-Cavaignac* portait en outre 170 kilog. de dépêches.

M. de Kératry échappa aux poursuites de l'ennemi, après avoir été blessé légèrement à la tête et aux jambes, par suite d'une chûte vertigineuse.

Le même jour, M. Albert Tissandier dirigeait le ballon le *Jean-Bart* qui, selon d'autres, s'appelait le *Guillaume-Tell*. Il raconte ainsi son voyage :

« Le 14 octobre, à une heure un quart, le ballon le *Jean-Bart* s'élevait de Paris. J'avais l'honneur de conduire dans les airs MM. Ranc, maire du 9ᵉ arrondissement, et Ferrand, chargés d'une mission spéciale du gouvernement. Outre les voyageurs confiés à mes soins, j'emportais avec moi 400 kilogrammes de dépêches, c'est-à-dire cent mille lettres, cent mille souvenirs envoyés de Paris par la voie des airs à cent mille familles anxieuses !

Par un soleil ardent et superbe, nous passons la ligne des forts, à 1,000 mètres ; nous distinguons nos ennemis, qui, en toute hâte, se mettent en mesure de nous envoyer des balles et des boulets. Mais nous planons trop loin de la terre pour que l'artillerie puisse nous faire peur ; nous entendons les balles qui bourdonnent comme des mouches au-dessous de notre nacelle, et, nous moquant des uhlans, des cuirassiers blancs et de tous les Prussiens du monde, nous nous laissons mollement bercer sur les ailes de la brise jusqu'au dessus de la forêt d'Armainvilliers.

Là un spectacle plein de désolation s'offre à nos yeux. Les maisons, les habitations, les châteaux sont déserts, abandonnés ; nul bruit ne s'élève jusqu'à nous, si ce n'est celui de l'aboiement rauque et sinistre de quelques chiens abandonnés.

Plus loin, au milieu même de la forêt de Jouy, c'est un camp prussien qui s'étend sous notre nacelle ; on remarque des travaux de défense habilement organisés pour répondre à toute surprise. Les tentes forment deux lignes parallèles aux extrémités desquelles s'élèvent des remparts de gabions et de fascines. Près de là nous apercevons un immense convoi de munitions qui couvre les routes entières ; il est suivi d'une infinité de petites charrettes couvertes de bâches blanches ; des uhlans l'accompagnent en grand nombre. A la vue de notre aérostat, ils s'arrêtent, et nous devinons, malgré la distance qui nous éloigne, qu'ils nous jettent un regard de haine et de dépit. Quelle joie nous éprouvons, mes compagnons et moi, en riant de bon cœur de leur impuissance !

Cependant le soleil échauffe nos toiles et dilate le gaz qui les gonfle ; les rayons ardents nous donnent des ailes, nous bondissons vers les plages aériennes supérieures, et bientôt la terre disparaît à nos yeux. Quelle splendeur incomparable, quelle magnificence innommée dans cette mer de nuages que semblent terminer des franges argentées aux éclats vraiment éblouissants ! Au milieu du silence et du calme, nous admirons ces sublimes décors du ciel, et pendant quelques secondes nous perdons de vue les misères terrestres.

Mais voilà la nuit qui couvre de son manteau le
ciel et la campagne. Il faut songer à revenir à terre,
regagner le plancher des braves défenseurs de la
patrie. Nous voyons accourir des paysans qui nous
crient à tue-tête : « Il n'y a pas de Prussiens ici !
Vous êtes près de Nogent sur Seine, à Montpothier,
descendez vite ! » Tous ces cris nous décident enfin,
et nous tombons pour ainsi dire dans les bras de
nos braves amis, sans aucune secousse.

Grâce à leur aide obligeante, à celle de leur curé,
dont nous ne saurions oublier l'accueil touchant,
nous emportons vivement dépêches et ballon. « Les
Prussiens ne sont pas loin, disaient-ils, ils vous ont
vu descendre et peuvent nous surprendre. Allez
vous-en au plus vite. » C'est ce que nous nous em-
pressons de faire, et nous arrivons chez le sous-préfet de Nogent, M. Ebling. Une réception enthousiaste nous est offerte ; nous le quittons bientôt, ne
voulant pas perdre un seul instant pour gagner Tours,
où notre devoir nous appelle.

Nous rencontrons heureusement en route M. de
Kératry et ses compagnons de voyage ; ils nous reçoivent obligeamment dans leur wagon. Nous apprenons ainsi les malheurs arrivés à ces messieurs
par l'imprudence inexplicable de leur aéronaute.

M. de Kératry est blessé et ses amis contusionnés
par une horrible chûte.

Ils étaient partis quelques heures avant nous de
Paris, avec un vent plus inquiétant que le nôtre.

Nos craintes étaient justifiées ; par cela même, ils auraient pu encore plus que nous tomber parmi les Prussiens.

Nous sommes obligés de faire un détour immense, de passer par Troyes, Dijon, Nevers, Bourges, pour arriver enfin à bon port.

Je retrouve à Tours mon frère Gaston Tissandier, qui m'a précédé dans les airs; nous allons prochainement tenter ensemble la rentrée à Paris par voie de l'air. » Albert Tissandier.

Le *Jules Favre* (premier ballon de ce nom), s'éleva le 16 octobre de la gare d'Orléans à 7 h. 15 du matin, emportant, avec l'aéronaute Louis Godard, MM. Malapert, Amilcen et Béoté, plus 195 kilog. de lettres; sa traversée fut heureuse et sans incidents remarquables.

Le *Jean-Bart* (ou le *Guillaume-Tell*, car M. Tissandier appelle *Jean-Bart* le ballon qu'il conduisit le 14 octobre) fut lancé, le 16 octobre également, enlevant dans les airs, outre le quartier-maître Labadie, MM. Barthélémy et Dary, avec 270 kilg. de lettres. Le voyage fut couronné de succès.

Le lendemain, 17 octobre, la *Liberté*, de M. de Wilfrid de Fonvielle, brisant ses cordages, s'éleva dans le ciel avant d'être monté.

Le *Victor Hugo* partit des Tuileries le 18 octobre à midi, monté par Nadar seul. L'atterrissement se fit sans accident, 440 kilog. de lettres furent emportés.

Le *Lafayette*, qui quitta la gare d'Orléans le 19, à 9 heures du matin, portait le matelot Jossec, M. Antonin Dubost et un autre passager, avec 305 kilogrames de lettres.

Bien qu'on ignore le lieu de l'arrivée, on sait que les voyageurs ont pris terre sans encombre.

Le *Garibaldi*, conduit par l'aéronaute Iglésia, et portant M. de Jouvencel, ancien député, partit du jardin des Tuileries, le 22 octobre, à 11 heures du matin. On ignore le lieu où il est descendu. Ce ballon emportait 450 kilog. de lettres.

Le *Montgolfier*, portant le matelot Hervé-Séné, et MM. le colonel Lapierre et Leboüedec, francs-tireurs, fut lancé le 25 octobre, à 8 heures (gare d'Orléans), et arriva à bon port. Son nom devait lui porter bonheur. (290 kilog. de dépêches).

Le *Vauban*, avec le matelot Guillaume, quitta la gare d'Orléans le 27 octobre, et tomba dans les lignes prussiennes, près de Verdun. Il contenait aussi MM. Reutlinger et Cassiers, chargé de pigeons pour l'armée de Bourbaki, plus 270 kilogrammes de dépêches.

M. Worth, sujet anglais et fils d'un tailleur pour dames, bien connu sur les boulevards, se trouvait dans un des ballons pris par les Prussiens ; il écrivit à sa mère la lettre suivante :

« Prison de Versailles, 5 novembre 1870.

» Le jeudi 27 octobre, j'ai quitté Paris en ballon avec d'autres voyageurs. Nous sommes partis par un vent du nord-est(?) qui devait nous emporter en Belgique; mais le vent a passé au plein est (?) et nous avons été poussés sur les lignes prussiennes. Nous avions quitté Paris à deux heures de l'après-midi; à 4 h. 1|2 il faisait presque nuit et nous fûmes obligés d'atterrir. Comme nous sortions des nuages à environ 250 yards de terre, nous fûmes assaillis par une volée de balles prussiennes; quelques-unes transpercèrent le ballon, et pour ne pas être tués nous fûmes contraints de descendre avec une rapidité extraordinaire.

» Quand nous touchâmes la terre, il y eut nécessairement un terrible choc. Heureusement, je ne perdis pas ma présence d'esprit, et je me cramponnai aux cordes; en sorte que je ne ressentis pas beaucoup ce choc et pus sauter à terre. Toutefois, je dus sauter de 30 pieds et je tombai sur une meule sans être blessé le moins du monde. Deux autres voyageurs, M. Udin et M. Cujon, sautèrent après moi sans se blesser; mais le quatrième, M. Manciare, perdit la tête et ne suivit pas notre exemple, en sorte qu'il fut entraîné dans le ballon.

» Pendant ce temps qui n'occupa point plus de quelques secondes, *les Prussiens continuaient à tirer* et nous n'échappâmes que par miracle. Enfin nous agitâmes un mouchoir, ils cessèrent le feu et nous fûmes fait prisonniers. Nous sommes tombés juste en dehors de Verdun, qui était encore défendu par les Français. De Verdun on nous a amenés à

Versailles, ce qui a pris huit jours, et, quoique prisonniers nous avons été bien traités (c'était bien le moins, après avoir tiré sur des hommes sans armes.) Comme aucun de nous n'avait de mission politique, il est possible qu'on nous mette en liberté dans quelques jours, mais il est fort possible aussi qu'on nous envoie en Allemagne comme prisonniers de guerre. Si j'ai quitté Paris en ballon, c'est que j'avais besoin de retourner en Angleterre pour m'occuper de mes affaires. »

Une remarque assez piquante, c'est que les *affaires* dont parle M. Worth consistaient probablement en démarches qu'il allait faire à Londres pour obtenir le recouvrement de nombreuses créances. C'étaient les dettes de ces *ultra-élégantes*, qui jadis affichaient un luxe effréné et coupable, véritable fléau de Paris, et qui avaient émigré en Angleterre.

M. Worth fut ensuite emprisonné dans une ville d'Allemagne, et ses geôliers ne daignèrent même pas lui remettre quelques bouteilles de vin et des friandises que lui envoyait sa mère pour la fête de Noël.

Le dernier ballon d'octobre fut le *Colonel Charras*, parti de la gare du Nord, le 29 octobre, à midi, avec 450 kilogr. de lettres. Il n'était monté que par l'aéronaute Gilles. On ignore le lieu de descente.

III.

Les aérostats du mois de novembre. — Captivité et évasion de M. A. Etienne. — Récit de MM. Barry et Gambès. — Capture du *Daguerre* à Ferrières. — Voyage de MM. Dagron et ses compagnons dans le *Niepce*. — Relation de M. Jules Buffet, sa descente en Hollande. — L'*Égalité* à Louvain.

Le *Fulton* vint prendre terre à la Jumelière, près Angers, le 2 novembre; il apportait les nouvelles des évènements du 31 octobre. Il contenait le marin Le Gloënnec et M. Césanne, ingénieur des ponts et chaussées. Le voyage se fit sans incidents notables.

Le 4 novembre il y eut deux départs : le *Ferdinand Flocon* portant l'aéronaute Vidal et M. Lemercier de Jauvelle, agent des télégraphes, puis le *Galilée*. M. A. Etienne, ingénieur civil, qui était dans la nacelle de ce dernier ballon, a donné de son voyage un intéressant récit que nos lecteurs seront heureux de connaître. En voici le texte :

« Le ballon le *Galilée*, cubant 2,000 mètres, construit par les frères Godard, partit de Paris, gare d'Orléans, le 4 novembre, à deux heures de l'après-midi; il était surtout destiné à apporter à Tours le résultat du vote de Paris, venant de se prononcer en faveur des hommes qui avaient pris, le 4 septembre, la lourde tâche de sauver le pays. (557,996 *oui* contre 62,638 *non*).

Un grand concours de curieux étaient venus assister à l'enlèvement du *Galilée*, qui emportait, en outre de 420 kil. de poids utile de la poste, les dépêches du gouvernement, auxquelles on attachait le plus grand intérêt, le lest d'environ 200 kil., et enfin M. Husson, aéronaute, et celui qui écrit ces lignes.

Le vent était violent et soufflait du nord-est. M. Godard aîné, qui présidait lui-même à l'opération du gonflement du ballon, nous fit monter dans la nacelle, et le tout fut transporté au point désigné du lancement; quelques instants après, le sacramentel : « Lâchez tout ! » fut prononcé, et le *Galilée*, libre de ses liens, s'éleva majestueusement dans l'espace aux acclamations de nombreux curieux, qu'un temps exceptionnellement beau avait attirés à ce spectacle.

Bien que montant pour la première fois en ballon, nous n'éprouvâmes aucun malaise, mais, au contraire, un bien-être général, et pendant que le *Galilée* s'élevait, nous admirions le panorama splendide qui se déroulait sous nos yeux, quand une fusillade bien nourrie et le sifflement des balles vinrent nous tirer de notre contemplation, et nous faire savoir que nous étions au dessus des lignes ennemies; nous jetâmes du lest pour nous remettre hors de portée des projectiles, mais nous pensons que déjà le *Galilée* avait été traversé par une ou plusieurs balles, car, dès lors, nous dûmes dépenser beaucoup de lest pour nous tenir à une hauteur convenable.

L'intensité du vent nous faisait parcourir de 16 à 20 kilomètres par heure, condition défavorable en raison du poids utile considérable que le *Galilée* transportait ; aussi, dûmes-nous, malgré l'attrait qu'offrait le pays que nous traversions, vu à vol d'oiseau, le négliger un peu pour nous occuper de l'altitude de notre aérostat, car nous naviguions constamment au dessus des troupes ennemies.

Nous passâmes au dessus de Versailles vers 3 heures 15 ; nous étions à 1,950 mètres, et le thermomètre marquait 7° au dessus de zéro. De Versailles, nous passâmes à Rambouillet, à 1,200 mètres au dessus du sol ; cette hauteur n'empêcha point nos ennemis de nous faire une décharge qui, cette fois, n'eut aucun résultat.

Vers 5 heures, et dans une grande plaine à l'ouest de Chartres, nous opérâmes notre première descente, après toutefois avoir exploré le terrain avec la lunette ; mais une bonne femme qui se trouvait là nous dit que les ennemis étaient aux environs, et qu'ils passaient fréquemment ; bien que n'ayant plus que peu de lest à notre disposition, nous remontâmes et parcourûmes encore environ 16 kilomètres.

Il était 6 heures du soir quand nous opérâmes notre seconde descente, environ à 10 kilomètres à l'ouest de Chartres, après avoir demandé à des paysans si l'ennemi n'était pas dans les parages. Sur

leur réponse négative et après nous être assurés que
nous pourrions nous procurer des voitures pour le
transport des dépêches, nous touchâmes terre en faisant jouer la soupape; après quelques bonds sans
danger en raison du calme de l'atmosphère et aidés
par les paysans, nous nous rendîmes maîtres de notre docile moteur le *Galilée*.

A peine y avait-il un quart d'heure que nous avions
mis pied à terre que les cris des femmes nous annon-
cèrent l'arrivée de cavaliers prussiens; je n'eus alors
que le temps de prendre le sac de dépêches du gouvernement, de le passer à un paysan en lui recom-
mandant de le faire parvenir le plus tôt possible à
Tours, où il serait recompensé. Ce qui fut fait. Ce devoir accompli, nous attendîmes nos ennemis qui
nous firent prisonniers de guerre.

L'officier renvoya tous les paysans et nous fit pla-
cer environ à trois mètres de son cheval. Pendant ce
temps là les paysans s'étaient concertés et reve-
naient sur nous en faisant un appel aux armes. L'officier me prévint alors qu'à la moindre voie de fait
des paysans, mon compagnon et moi serions fusil-
lés. Je dus aller en parlementaire pendant que mon
compagnon était couché en joue; j'eus le bonheur
de faire comprendre à nos braves concitoyens que
leur démarche était certainement fort louable, mais
que leurs armes, consistant en quelques couteaux
de poche et en cailloux du chemin, ne feraient
qu'augmenter le nombre des victimes sans nous

donner aucune chance de délivrance. Convaincus
par mon raisonnement ils se retirèrent, et je profitai de ma mission parlementaire pour leur recommander de nouveau le sac de dépêches. Je revins
et mon compagnon fut soustrait à sa triste situation.

L'officier qui nous avait faits prisonniers parlait un
peu le français; il fut, du reste, assez courtois, et
après nous avoir fait remettre tous nos papiers, il
me demanda ma lorgnette; il devait me la rendre,
mais je ne l'ai jamais revue, il paraît que c'est une
prise de guerre, de même que la carte de France et
celle des environs de Paris qui me furent confis-
quées.

Arrivé à Chartres, ils me firent déshabiller pour
visiter jusqu'aux doublures de mes vêtements. Cette
formalité ne leur fit rien découvrir; mais il paraît
qu'il n'en était pas de même de mes lettres et papiers, puisqu'ils les confisquèrent, et que, dès le lendemain, à midi, le prince Frédéric me fit conduire
sous bonne escorte à Versailles. Au moment de partir, un officier me dit que si je faisais la moindre
tentative d'évasion pendant le parcours, les hussards
qui m'accompagnaient, dont deux le pistolet aux
poings, placés à chaque portière de la voiture,
avaient ordre de me brûler la cervelle.

J'avoue que cette menace ne me surprit guère : je
connais les sentiments de nos envahisseurs. J'en
pris mon parti, et nous partîmes au galop. A Rambouillet, où nous changeâmes de chevaux, nous

cûmes à essuyer encore quelques menaces grossières de la part des Allemands, qui ne tiennent aucun compte des égards dûs aux vaincus. Nous arrivâmes le 5 novembre, à trois heures du matin, à Versailles.....

La quatrième et dernière journée de marche fut une des plus pénibles au point de vue physique comme au moral. En effet, les ordres du chef de notre escorte étaient de nous conduire jusqu'à Nogent, station de la ligne de Strasbourg, pour y prendre un train qui devait nous transporter en Allemagne ; mais au moment où nous arrivions, la station était encombrée de troupes que l'on dirigeait sur Paris, et de subsistances venant d'Allemagne.

En présence de cet encombrement, le commandant de place ne savait probablement que faire de nous, car on nous fit faire un long stationnement pendant lequel les habitants de Nogent reçurent une distribution de pain et de vin. Je pus alors apprécier une fois de plus la haine que nos envahisseurs nous portent ; le pistolet au poing, ils défendirent aux habitants de donner quoi que ce soit aux *civils*, dont quelques-uns mouraient littéralement de faim. Cela donne bien la mesure de ce que font et peuvent faire ces hommes dans leur marche victorieuse en passant dans les villages, où leurs actes et leurs menaces répandent la terreur.....

Après notre halte et malgré nos fatigues, on nous envoya de Nogent à Château-Thierry, encore seize kilomètres à parcourir !

C'est pendant ce parcours que je fis connaissance avec un brave et digne homme, tout disposé à défendre et à soulager nos prisonniers ; je regrette que la situation me force de taire son nom mais en temps opportun je le ferai connaitre avec reconnaissance. Cet homme me fit comprendre en quelques mots qu'il pourrait m'aider à m'évader une fois arrivé à Château-Thierry, ce que j'acceptai malgré le nouveau péril où devait me mettre une tentative d'évasion. Il me quitta pour aller préparer son plan. Le convoi arriva vers huit heures, on nous mit dans le palais de justice où quelques habitants de la ville vinrent nous voir. Il y avait environ une heure que nous y étions, quand arriva le brave homme qui s'était généreusement offert à m'aider dans mon évasion ; il me dit avec discrétion que tout était prêt. Malgré le désir que j'avais de recouvrer ma liberté, j'eus un instant d'hésitation, sachant à l'avance ce qui m'attendait si ma tentative avortait. Ce moment d'incertitude passé, je suivis mon guide ; mais arrivés au vestibule, nous fûmes un peu dérangés par un Prussien parlant français, qui guettait mes mouvements ; c'était le moment de le distraire, en le prenant par son faible, celui de tous les soldats prussiens : nous lui fîmes apporter à boire, il but et but beaucoup.... Une heure après, je sortais avec mon guide ; mon gardien avait perdu le sentiment de ses fonctions.

4.

Nous le laissâmes à son sommeil, et nous nous dirigeâmes, mon libérateur et moi, vers le village de..... Une fois chez lui, je commençai mon déguisement en faisant le sacrifice de ma barbe et en endossant le costume des paysans du pays. Ainsi déguisé, je restai 3 jours sans sortir, et le quatrième je me transportai à Château-Thierry, pour m'y procurer lettres et sauf-conduit sous un faux nom. Le sauf-conduit signé par le commandant de place prussien me permettait de voyager jusqu'à Chauny sans être trop inquiété; aussi, dès le lendemain 21 novembre, après avoir pris congé de mon libérateur, je partis ému de tant de bonté, me promettant bien de venir le revoir dans des temps meilleurs. Le premier jour, je couchai dans un petit village à trois kilomètres de Soissons, ne voulant pas entrer pendant la nuit dans cette ville qui était occupée par l'ennemi.

Dans ce village, j'acquis la certitude que les Prussiens traînent à leur remorque de nombreux galériens; qu'ils emploient à la remise en état des ponts, viaducs et tunnels que nos troupes ont cru nécessaire de faire sauter. Ces sinistres ouvriers avaient terminé le jour même la réparation du tunnel qui se trouvait à 500 mètres de mon habitation.

Le lendemain matin, après m'être bien reposé, je me rendis à Soissons, où je louai une voiture qui me conduisit à Chauny. Là j'ai dû traverser, chemin faisant, un corps prussien qui se rendait à Lille. D'après ce qui me fut assuré alors, j'appris, deux jours plus tard, qu'il s'était porté sur Amiens.

Le lendemain, 22 novembre, j'eus le bonheur, après avoir repris un sauf-conduit pour aller à St-Quentin, de trouver une voiture qui me conduisit dans cette ville, où nous arrivâmes en même temps qu'un détachement de cavalerie prussienne.

Je me rendis directement chez un loueur de voitures; puis après, j'allai à la mairie pour demander un sauf-conduit qui me permît d'arriver à Amiens.

Je partis enfin de Saint-Quentin à trois heures du soir pour aller coucher dans un petit village situé entre Péronne et Ham. Le 23 novembre, je repartis à six heures du matin, j'arrivai à Amiens à onze heures. En passant à Villers-Bretonneux, à 4 lieues d'Amiens, j'entendis, le cœur serré, tonner le canon du premier engagement des troupes d'Amiens avec l'armée prussienne.

Après bien des péripéties dont je ne fatiguerai point le lecteur, j'arrivai à Tours, où je pus enfin rendre compte à qui de droit de ma mission et expliquer les motifs de mon retard.

Je croirais manquer à mon devoir si je ne saisissais cette occasion de mettre en garde les aéronautes contre les dangers qui m'ont valu toutes mes mésaventures. En général, les ballons partent de Paris emportant trop de *poids utile* et pas assez de lest.

Le vent mou qui soufflait nous avait obligés à rester de 8 à 10 heures dans l'espace, temps beaucoup trop long, en raison du poids utile que nous transportions. Aussi avons-nous été victimes de cet état de choses.

J'espère, du reste, que la poste aérienne n'aura bientôt plus de raison d'être, et que nos braves armées ne tarderont pas à rétablir les communications entre la province et notre cher Paris.

A. Etienne, *ingénieur civil.* »

Après le *Galilée,* partit la *Ville de Châteaudun,* le 6 novembre, à 9 h. 45, de la gare du Nord. L'aéronaute Bosc, portant 455 kilog. de lettres, atterrit avec succès à Reclainville (Eure et Loir), pas très loin de l'héroïque cité dont l'aérostat portait le nom. Il envoya à Paris, par pigeon, la nouvelle de la capture du *Galilée.*

Deux jours après, la *Gironde* s'élevait dans les airs. Nous empruntons au journal, son homonyme, le curieux récit de MM. Gambès et Barry, propriétaires du ballon, qui étaient dans la nacelle :

« A huit heures, l'aérostat était gonflé; Eugène Godard, constructeur et organisateur du départ, commandait à ses marins et douaniers les dernières manœuvres. Nous disons adieu à nos parents, à nos amis, à l'aide de camp du général Trochu, à l'amiral La Roncière le Nourry, commandant des forces navales à Paris, et enfin à l'excellent M. Rampont, directeur général des postes.

« Les voyageurs en nacelle ! » crie Godard.

Nous grimpons dans le large panier d'osier, avec deux marins : l'un, l'aéronaute, M. Galley, de Tou-

lon ; l'autre, M. Herbault, admis par nous sur la prière
d'un aide de camp de Trochu, pour aider, au besoin,
à la manœuvre.

A 8 heures 20, les sacs de dépêches attachés aux
flancs de la nacelle, Godard donne le signal : « Lâchez tout! » Nous nous élevons lentement et la terre
s'abaisse sous nos yeux. Nos amis répondent aux
cris de : « Vive la France! » et en 15 minutes nous
sommes à 800 mètres au-dessus de la gare d'Orléans
d'où nous sommes partis.

A cette hauteur, pas le moindre souffle de vent, et
pendant longtemps nous allons pouvoir contempler
nos amis groupés au-dessous de notre aérostat. Nous
sommes lentement promenés au-dessus des quais
de la Seine, et nous admirons à loisir l'admirable
panorama qui se déroule à nos pieds ; c'est Paris
dans ses moindres détails ; nous nommons chaque rue, chaque monument. Nous laissons à droite
le Louvre, les Tuileries, les Champs-Elysées, au-
dessous de nous les Invalides, le Champ-de-Mars.
Il est à peine 9 heures 1[2 ; le temps est très-cou-
vert, et, sur nos têtes, les nuages serrés étendent
un immense rideau uniformément gris.

Toutes nos impressions échangées, une seule domine : Nous ne marchons pas. — Et si nous descen-
dions? hasarde Gambés, demain le vent serait peut-
être plus vif, et le voyage plus rapide. — Messieurs,
dit Galley, je vous conduis, nous avons beaucoup de
lest, une bonne machine ; si le vent ne vient pas,

nous le chercherons plus haut ; nous avons le temps jusqu'à ce soir, et, s'il le faut, nous pouvons passer la nuit. — Patientons, dit Barry.

Nous voilà devant le Trocadéro, Passy, Auteuil, le Point-du-Jour, les remparts que nous traversons à Grenelle. Bientôt nous côtoyons la presqu'île de Billancourt ; nous voyons, gros comme le doigt, le pont de Sèvres, dont la première arche, du côté de Paris, est coupée, et plus loin le pont de St-Cloud. Nous sommes sur Meudon ; Sèvres, devant nous ; plus loin, St-Cloud. Voici les Prussiens ! Une balle siffle, une seconde, une troisième : c'est une fusillade. --Tirez, mes amis, vos balles vous retombent sur le nez.

Nous déplions les *Journaux officiels* du matin, et ils leur descendent lentement la belle parole de Jules Favre ; elle répond à leurs balles, et ils devinent notre dédain.

Au-dessous de la redoute de Montretout, le parc, les ruines du château et la ville de Saint-Cloud déserte ; un peu plus loin, dans la brume, les toits et le palais de Versailles.

Nous jetons plus de lest, et montons. — Quel brouillard ! — Nous sommes dans les nuages ; le thermomètre descend au-dessous de zéro et s'arrête à 3 degrés ; il est 9 heures 35 minutes. Dix minutes après, un point pâle apparaît, c'est le soleil.

Nous sortons des nuages à la hauteur de 1,200 mètres. Quel spectacle grandiose ! Un soleil resplen-

dissant, un ciel pur ; et au-dessous de nous une
mer de nuages blancs comme la neige : au levant,
éclatants sous les reflets du soleil ; à l'ouest, bordés
d'une ombre bleu de mer, qui se marie graduelle-
ment à l'azur du ciel. — Voyez ! voyez ! crie Barry.
— C'est l'ombre du ballon sur les nuages, et, fan-
tasmagorie splendide, tout autour une auréole, immense arc-en-ciel. Nous sommes longtemps en
extase devant cette ombre qui nous suit sur cette
mer argentée.

La température est de 10 degrés. A dix heures,
arrivés à 2,100 mètres, le gaz dilaté s'échappe par
la bouche de l'appendice qui pend sur nos têtes.
Nous atteignons 2,500 mètres, et le bruit des tam-
bours et des clairons prussiens est dominé par les
cloches de Versailles que nous entendons à dix heures et demie. En même temps, un chien aboie sans
cesse, et le bruit des roues d'une lourde charrette
monte distinctement jusqu'à nous.

A onze heures, le mouvement régulier de descente
nous ramène à 1,800 mètres ; nous croyons avancer
et nous nous maintenons à cette hauteur à partir de
onze heures vingt.

Voici bientôt midi : il est temps de se mettre à table ; nous étendons des journaux sur nos couvertures, et nous commençons ce repas sous un soleil
d'Afrique. Bientôt les os de volaille remplacent le
lest, aidés des journaux officiels. Une première bouteille vide va les suivre. — Attendez ! un mot à MM.

les Prussiens. — Aussitôt nous attachons un papier au goulot, et leur lançons cette dépêche :

« De *la Gironde*, une heure trois quarts, à 1,800
» mètres de hauteur. — Repas délicieux, excellent
» Château-Giscours, et bon appétit. — Signé : Gal-
» ley, aérostier ; Herbault, passager ; Barry et Gam-
» bès, propriétaires du ballon. Total : 4 voya-
» geurs. »

Était-ce naïf ? peut-être ; mais au-dessus des nuages et pour faire rager les Prussiens.....

Cependant nous commencions à marcher, et le thermomètre baissait à 8 degrés. Nous remontons à 2,100 mètres, et jetons une seconde bouteille avec une autre dépêche.

Avons-nous au moins cassé la tête à un Prussien ? Quelle chance nous aurions ! A ce moment, Barry s'endort, et le voilà ronflant pendant une heure.

Nous entendons encore le chien et la charrette ! — Nous ne sommes donc pas encore beaucoup éloignés de Versailles ? Cherchons une bonne brise. — Remontons à 2,500 m.; il fait 12 degrés de chaleur, et le soleil nous brûle la tête. Le gaz s'échappe et nous parfume ; nous descendons à 2,000 mètres. Il est 2 heures, 45 ; la brise devient plus froide : il fait 9 degrés. Nous sommes à 1,800 mètres.

Au-dessous de nous, les nuages s'éclaircissent un peu, et, dans les intervalles de leurs masses, nous voyons filer rapidement la campagne. Les routes fuient, entraînant les villages, les ruisseaux, les

prés. Allons, nous marchons, et vers le nord-ouest.
Nous irons au Havre; et si les Prussiens ont coupé
les chemins de fer, nous finirons sur mer notre
voyage. — Qu'est-ce que ce terrain noir, semé de
taches jaunes? — Tiens, c'est une forêt! Voyez-vous
ce réseau de routes qui forment des carrefours en
étoiles? Ne dirait-on pas le plan de la forêt de Saint-
Germain? Heureusement que nous en sommes très-
loin! Ecoutez ce tambour! Est-ce prussien? Non,
entendez un clairon qui sonne la charge française: il
s'exerce. — Dites-donc, Galley, il est 3 heures: tâ-
tons-nous le terrain?—A 4 heures, nous descendrons
un peu, et si les Prussiens sont encore là, nous
continuerons notre route.— Voilà un laboureur, des
moutons.... un village; mais ce n'est pas un pays
conquis : voyez ces champs! encore des moutons.—
Descendons un peu.

Nous décidons de descendre à 200 mètres, craignant moins de trouver les Prussiens. Quel dom-
mage de quitter ce beau ciel et ce tapis de nuages!
Mais la terre aussi!... — A 1,700 mètres, le soleil
pâlit, le brouillard nous enveloppe. Jetons, jetons
du lest; il fait froid, le gaz se condense, la descente
se précipite. A 900 mètres, nous quittons la couche
des nuages. Voici la terre, encore la même forêt;
plus loin, des prés : nous y allons. Galley continue
la descente, l'attérissage paraissant sûr.

A 600 mètres, nous hélons un paysan qui court à
notre suite. — Où sommes-nous? — A Gaudreville.

— Où? — Près de Conches.— Quel département?— Eure.— Les Prussiens sont-ils près? — Non, le pays est sûr.

La descente est résolue ; à 30 mètres, nous lâchons le guide-rope. — Gare au choc! — Nous touchons ; le ballon se relève, et, d'un bond, nous franchissons une petite colline boisée. Galley a ouvert la soupape, mais a gardé l'ancre. Un autre grand pré. — Tenez la corde! crions-nous au paysan. — Gare au choc! Tenons-nous bien! — Assis! assis! dit Galley. — Aïe! mon dos! Les bancs ont craqué, mais nous n'avons rien de cassé!

Des paysans accourent et saisissent le bout du guide-rope. Ils ont peur de l'immense machine. — Approchez! approchez! — Enfin, ils nous tiennent de près; nous sommes bien à terre, et le ballon ne se relèvera plus. La foule accourt, entoure la nacelle. Un à un nous descendons et nous nous serrons les mains mutuellement.

Il est 3 heures 40; nous sommes à 92 kilomètres du lieu de notre départ. Voici le maire, le curé, le commandant de la garde nationale, à cheval, à travers bois. Les questions se croisent ; nous rassurons ces bons amis sur Paris; nous apprenons que les Prussiens ne sont pas bien loin, que la levée en masse s'organise : mille bonnes nouvelles échangées.

On nous avait vus approcher depuis un moment, et de tous côtés, des voitures arrivent. Enfin, le ballon est dégonflé, chacun s'y est mis : il est bien vite plié ; puis c'est le tour du filet, des cordages, du guide-rope, dont l'extrémité traînait à 250 mètres. On vient de Conches nous avertir qu'un train spécial nous attend ; nous y montons à la Bonneville, en disant au revoir à M. Vavasseur, qui nous avait aperçus le premier, et avait tenu à nous conduire au chemin de fer.

En route pour Evreux, accompagnés de M. Bouillon, inspecteur des lignes de l'Ouest, nous en repartons le soir pour Tours.

Ici, notre voyage en ballon est fini. Quelques chiffres pour terminer.

Notre aérostat cubait, 2,054 mètres ; il était gonflé au gaz d'éclairage. Sa forme est une sphère parfaite.

A l'arrivée, il nous restait la moitié à peu près du lest, et les 9 dixièmes du gaz : Galley, pour un premier début, s'était donc montré un aéronaute accompli.

Le ballon, avec tous ses agrès, pèse 424 kilos ; les voyageurs, 261 kilos ; le lest, 630 kilos (21 sacs) ; les dépêches, bagages et vivres, 121 kilos. — En tout : 1,436 kilos.

Voilà, monsieur le rédacteur, les détails précis de ce charmant voyage ; nous serons heureux s'ils intéressent les lecteurs de votre journal, dont nous avons emprunté le titre. »

J. GAMBÉS. — E. BARRY.

Les deux ballons le *Daguerre* et le *Niepce*, partis le 12 novembre, tombèrent tous deux dans les lignes prussiennes. Le premier fut capturé près de Ferrières; il contenait l'aéronaute Jubert, M. Piéron, ingénieur, et M. Nobécourt, propriétaire de pigeons, plus 260 kilog. de dépêches.

L'ascension eut lieu à la gare d'Orléans, à neuf heures quinze minutes, et la descente dans Seine-et-Marne, à Ferrières. Ce ballon fut saisi par les Prussiens; les voyageurs furent conduits en Allemagne. L'aéronaute Pagano qui partit avec le ballon *Niepce*, en même temps, raconte qu'il vit les uhlans s'efforcer de tirer sur le *Daguerre*. Les dépêches officielles ont toutefois été sauvées par un forestier et, grâce à ce brave citoyen, elles furent acheminées sur Tours. M. Piéron parvint à s'échapper.

Quant au *Niepce*, voici, d'après le récit communiqué à M. Nadié par l'ingénieur Fernique, quel a été son trajet. Ce ballon portait MM. Dagron, Fernique, Poisot et Gnocchi avec des appareils de photographie microscopique, et l'aéronaute Pagano :

« La direction des deux ballons partis l'un après l'autre était celle de l'est. Pendant une heure, nous fûmes l'objectif d'une vive fusillade; au moment où elle avait sa plus grande intensité, le *Daguerre* se mit à descendre, passa près de nous, puis au-dessous et vint atterrir dans une ferme où se précipitèrent immédiatement les uhlans. Nous apercevions à 800 mètres de hauteur la fumée épaisse des feux de peloton qui cherchaient à nous atteindre, et dont les balles sifflaient de la manière la plus sinistre. Impossible de jeter du lest pour s'élever ; nos sacs s'étaient crevés, et c'est à poignées et à l'aide d'une assiette que nous jetions constamment le sable hors de la nacelle où il s'était accumulé. Nous ne pûmes jamais, après avoir sacrifié tout notre lest, moins deux sacs (chacun de 15 kilog.), dépasser 1,350 mètres de hauteur.

« La descente fut décidée à une heure de l'aprèsmidi. Pour ne pas donner le temps à l'ennemi de poursuivre le ballon, on convint de descendre trèsvite. Arrivés à terre, forte secousse ; le terrain était si uni que ni guide-rope, ni ancre ne s'accrochèrent. Le ballon fut traîné couché pendant deux kilomètres avec une grande vitesse. Nous nous tenions cramponnés dans une situation très-périlleuse ; enfin le ballon ne s'arrêta que lorsque le frottement l'eut mis en lambeaux. Les paysans arrivèrent avec des voitures ; on était près de Coole, arrondissement de Vitry-le-Français, entre cette ville et Châlons-sur-Marne. A peine le sauvetage fut-il commencé, que les Prussiens firent irruption dans le village. »

M. Fernique n'eut que le temps de se réfugier dans un bouquet d'arbres, où il passa la journée dans la neige, très-légèrement vêtu d'une blouse de paysan et n'ayant rien mangé, ni à manger.

Voyageant de nuit, et dirigé par un guide, il arriva le 18 à Tours, où M. Dagron ne parvint que le

21 novembre. Ce dernier n'avait pu sauver qu'une partie de ses caisses et avait reçu à Auxerre l'ordre de rétrograder sur Tours : son voyage avait été des plus périlleux ; avec sa voiture de bagages, il fallait traverser des routes que sillonnaient des armées ennemies nombreuses, accourant alors au secours du général Von der Thann.

L'aéronaute qui s'éleva de Paris (Gare du Nord) le 18 novembre, dans le ballon le *général Uhrich,* tomba encore dans les lignes prussiennes, près de Luzarches (Seine et Oise), mais il put sauver les dépêches (80 kilogrammes) et arriva à Tours le 23 novembre. C'était M. Lemoine père ; il conduisait MM. Prosper Thomas, propriétaire de pigeons, Joseph Bieuban et Chapouil, francs-tireurs. Le ballon même put être sauvé et rapporté plus tard à Paris.

A dater de cette époque, les départs eurent lieu la nuit. On évitait ainsi d'être en vue des observateurs prussiens qui signalaient les ballons de poste en poste. En outre les déperditions de gaz sont moindres pendant la nuit, et on profite de l'accalmie qui règne presque toujours, à cette heure, dans les couches inférieures de l'atmosphère.

On domine du reste de trop haut la terre, en général, pour pouvoir se rendre compte des pays que l'on traverse, surtout quand la vitesse est grande.

M. Nadar a combattu cette opinion ; il croit qu'on peut se guider sur les cours d'eau, très-visibles par leurs reflets, se tenir assez haut pour éviter les balles, et étudier les cartes en profitant du grand jour. Il attribue les descentes lointaines aux départs nocturnes.

Quoi qu'il en soit, M. Jules Buffet, parti le 21 novembre à une heure du matin, fut porté par les vents en Hollande. Nous lui demandons la permission de reproduire son intéressant récit, dont voici le texte :

« Mon cher ami,

« Quelques détails sur le voyage de l'*Archimède* t'intéresseront sans doute, aussi sans autre préambule, vais-je commencer une petite narration de notre traversée.

» Le dimanche 20 novembre à quatre heures du soir, je recevais l'ordre de partir ; j'employais le mieux possible le peu de temps qui me restait, car, à 10 heures, je devais m'élancer dans les airs.

» A l'heure dite tout était prêt, quelques papiers importants nous manquaient encore, il fallait attendre. Je te fais grâce de toute l'opération du gonflement, qu'il te suffise de savoir que tout se passa le mieux du monde. J'avais deux passagers, MM. Albert Jaudas et St-Valry.

» A minuit et demi, nous étions dans la nacelle. Le fameux *lâchez tout* de Godard ne se fit pas attendre, et bientôt notre aérostat s'éleva au milieu des souhaits de bon voyage que nous envoyait la foule ; — car il y avait foule à la gare d'Orléans. Tout en surveillant l'ascension de mon ballon, je regardais, émerveillé, le panorama qui se déroulait sous nous :

le silence régnait dans la nacelle, et n'était interrompu que par les interjections admiratives qui s'échappaient de nos lèvres. En effet, Paris vu de nuit et à cette hauteur (nous étions à 2,000 mètres), a quelque chose de saisissant, les lumières des remparts se réunissent pour entourer la ville comme d'une ceinture de feu, et les rues se dessinent en lignes brillantes s'entrecoupant les unes les autres; bientôt tout se confondit. Paris ne fut plus qu'une tâche brillante, qu'un point, qu'une lueur, puis tout s'éteignit. Rien autour de la ville n'indiquait les positions prussiennes. L'aérostat suivait rapidement la ligne du sud vers le nord. La manœuvre était facile, le ballon excellent; tous trois nous montions pour la première fois, et le titre d'aéronaute pesait un peu à mes épaules fort jeunes en pareille matière.

» A une heure, nous vîmes distinctement des feux disposés en rectangle et régulièrement espacés, nous ne pûmes que faire des conjectures et tout nous fit penser que cela devait être des forts ou redoutes destinés à protéger l'armée prussienne sur ses derrières. Nous causions, mes passagers et moi, de tout ce que nous pouvions apercevoir, et cette conversation, faite à trois kilomètres en l'air, avec cet énorme dôme supendu sur nos têtes, au milieu de ce silence parfait, de cette immobilité apparente, avait quelque chose de bizarre. Les routes se découpaient en lignes blanchâtres sur le fond noir du tableau éclairé çà et là de quelques points lumineux. Les villes, toujours en lignes de feu, se succédaient les unes aux autres. Tout à coup la terre nous parut illuminée : des lueurs rouges, très-rapprochées, s'éteignant et se rallumant tour à tour, attirèrent nos regards ; des grondements lointains arrivaient jusqu'à nous. C'était, je l'appris depuis, le bassin houiller de Charleroi, et les innombrables forges et hauts-fourneaux qui causaient ces lueurs et ces bruits effrayants.

» La nuit s'écoula avec des alternatives d'ombre et de lumière, et bientôt à la lueur blafarde qui envahit le ciel, nous vîmes que le jour allait enfin paraître. Le temps était toujours superbe ; aussi je te laisse à penser ce qu'était ce lever du soleil, à 2,500 mètres de hauteur et vu dans ces conditions là.

» Ce fut un véritable changement à vue : la terre apparut peu à peu ; nous n'avions pas assez d'yeux pour tout voir : silence parfait, et, chose étrange, nous entendions distinctement le chant du coq. Je renonce à décrire le spectacle auquel nous assistions, ce fut comme un beau tableau dont on soulève peu à peu le voile qui le recouvre. Les bois étaient des touffes d'herbes, les maisons des points blancs, çà et là quelques plaques brillantes, de l'eau sans doute ; de l'aspect plat et uniforme du pays, nous fûmes unanimes à reconnaître les Flandres. Aussi, après avoir prévenu mes passagers, je résolus de commencer ma descente.

» Mes dispositions prises, mon lest sous la main, je saisis la corde de la soupape et j'ouvris; l'aérostat descendit rapidement. A 30 mètres du sol j'arrêtai sa descente, coupai le guide-rope (longue corde destinée à enrayer la marche du ballon), je me laissai courir à cette hauteur; nous filions avec une extrême vitesse, le vent était fort.

» Un château apparut à notre gauche, devant nous, une plaine, c'était une occasion, je fis descendre le ballon; un toit jaillit derrière un rang d'arbres, je n'eus que le temps de jeter deux sacs de lest, nous franchîmes heureusement l'obstacle. De l'autre côté, je coupai l'ancre et me suspendis à la soupape. Deux chocs violents, puis tout fut dit, l'*Archimède* était vaincu.

» Déjà les paysans accouraient de toutes parts. « Où sommes-nous? » m'écriai-je. Impossible de comprendre ; mais les cris de joie dont ils accueillirent le drapeau français que je fis flotter, nous eurent bientôt rassurés. Enfin, l'un d'eux, vêtu d'une blouse bleue et coiffé d'une casquette à galons, me dit: « Castelzé, Hollande. » Un gros soupir de satisfaction s'échappa de nos poitrines en même temps qu'une expression d'étonnement puisqu'en sept heures, sans nous en apercevoir, nous avions fait près de 100 lieues.

» Aidé de ces bons paysans, j'opérai le dépouil-

lement de l'aérostat; je ne puis assez témoigner
ma reconnaissance pour le bon vouloir que ces
braves gens mettaient à m'aider dans une opération si nouvelle pour eux; la seule difficulté fut de
faire éteindre les pipes. Ces gaillards-là fumaient
en venant respirer le gaz qui s'échappait de la soupape, et qui les faisait reculer à moitié asphyxiés et
les yeux pleins de larmes.

» Pendant que j'encourageais par tous les moyens
possibles ces braves Hollandais à travailler, nous
vîmes arriver près de nous deux personnes, accou-
rues en toute hâte du château dont j'ai parlé, et qui
nous firent les offres les plus gracieuses. On amena
une voiture, on mit la nacelle dedans, le ballon dans
la nacelle, le filet par-dessus, et, tout en remerciant
du fond du cœur ces bons amis, nous nous achemi-
nâmes vers le château dont nous avions fini par accepter l'hospitalité.

« Le château s'appelait Hoogstracten, et le propriétaire, M. le major de Lobel, était absent pour la
journée, les honneurs nous en furent faits le plus
gracieusement possible par toute la famille présente au château. Inutile de te raconter les soins
dont nous fûmes l'objet. On mit tout en réquisition
pour nous; et, reposés, restaurés, on fit encore at-
teler pour nous deux voitures : l'une pour le ballon, l'autre pour les aéronautes, pour nous transporter à Turnhout, station belge, et de là rejoindre
la France. Les adieux furent touchants; nous étions

si fatigués et si reconnaissants, que nous ne savions
que dire.

« Enfin, nous nous séparâmes; le soir même nous
étions à Bruxelles.

« Il m'est impossible de te faire un tableau exact
de la sympathie que nous avons rencontrée sur notre route en Belgique. Aussi, au nom de mes passagers et au mien, voudrais-je pouvoir dire assez haut
pour être entendu partout : merci, merci, à la Belgique et à la Hollande.

« Voilà, mon brave ami, le récit de mon voyage ;
je n'ai dit que ce que j'ai personnellement ressenti,
mais je crois résumer notre impression commune.

« A bientôt donc et tout à toi.

Jules Buffet. »

Après *l'Archimède*, ce fut *l'Egalité* qui prit son
essor le 25 novembre et tomba en Belgique près de
Louvain. Ce ballon portait cinq voyageurs, parmi
lesquels M. Wilfrid de Fonvielle. Trois d'entre eux
étaient partis pour des motifs privés et avaient
payé 3,500 francs pour la traversée.

L'*Egalité*, entreprise particulière, portait peu de
dépêches et de pigeons. Les voyageurs estiment à
5,000 le nombre des coups de fusil tirés sur eux par
les Prussiens. Pour se venger, les aéronautes leur
lançaient des numéros du *Journal officiel* en guise
de mitraille.

Un des voyageurs eut le pied foulé au moment
de l'atterrissement.

IV

Voyage de la *Ville d'Orléans* à Christiania. — Navigation au dessus de la mer. — Descente au mont Lid. — Voyage en traineau à Cromberg. — Enthousiasme des Norwégiens pour la France. — Ovations aux aéronautes. — Fêtes à Drammen et à Christiania. — Dons pour les blessés français. — Retour des aéronautes en France par voie d'Angleterre. — Chute du ballon désemparé. — Descente périlleuse de M. Martin à Belle-Isle-en-Mer.

Le 24 novembre 1870, partait le ballon *la Ville d'Orléans*, porteur d'instructions importantes du général Trochu. Des vents funestes l'emmenèrent, en 14 heures, en Norwège. Les aventures merveilleuses de ce voyage, quoique parfaitement véridiques, semblent un conte des *mille et une nuits*.

Chacun relira avec intérêt l'émouvante relation ci-après, adressée par un franc-tireur de la Seine à son commandant, et publiée par la *Gironde*:

« Le départ s'effectua de la gare du Nord, à onze heures quarante minutes du soir, dans le ballon la *Ville-d'Orléans*, cubant 2,300 mètres, et monté par M. Paul Rolier, aéronaute. J'emportai quelques provisions, pouvant à la rigueur durer vingt-quatre heures, et la dépêche du gouvernement; nous avions, de plus, une cage contenant six de ces messagers d'Etat improvisés, six pigeons, dont je me fis l'ami tout de suite ; environ 250 kil. de dépêches privées et 10 sacs de lest.

Minuit. — Nous sommes partis avec une brise modérée de sud-sud-est, faisant par conséquent le nord-nord-ouest, c'est-à-dire à peu près dans la direction de St-Valery-sur-Somme. Le ballon, qui s'était élevé à une hauteur de 800 mètres, commençait à descendre; nous fûmes obligés de sacrifier environ deux sacs et demi de sable pour arriver à 1,100 ou 1,200 mètres, hauteur à laquelle nous sommes à l'abri des balles de ces messieurs. Quelques coups de feu sont tirés sur nous sans résultat.

Minuit et demi. — Nous arrivons à 1,400 mètres, tout est tranquille ; la nuit est d'une extrême sérénité.

Une heure du matin. — Nous sommes à 2,700 mètres; nous nous maintenons à cette hauteur jusqu'au-jour.

Deux heures et demie. — Bien au-dessous de nous s'étend une brume compacte qui nous cache absolument la vue de la terre; un bruit que je ne puis comparer qu'à celui d'un train de chemin de fer en marche, nous fait croire que nous nous trouvons à proximité d'une ligne ferrée ; mais ce bruit persiste jusqu'au jour et nous préoccupe.

6 heures 1/4 du matin. — Le jour commence à poindre, le ballon est redescendu à une hauteur d'environ 1,400 mètres ; nous n'apercevons pas de terre à l'horizon, et au dessus de nous s'étend... la mer ! La mer, pour nous c'est la mort ! Ce bruit continu qui nous avait fait croire à une ligne de chemin de fer, n'était autre que celui des lames.

6 *heures et demie*. — Perdus dans l'immensité, dépourvus de tout instrument qui nous permette de faire notre point et de reconnaître où nous sommes, et le vent nous poussant toujours vers le nord, nous préparons une dépêche pour la France : « 6 *heures et demie du matin, en pleine mer, ne voyant aucune côte ; à la grâce de Dieu !* » Nous confions cet adieu suprême à l'un de nos pauvres petits messagers ; mais le brouillard, s'épaisissant de minute en minute, nous fait renoncer au projet, nous réintégrons tristement notre pigeon dans sa prison d'osier.

11 *heures et demie du matin*. — Toujours même hauteur ; beaucoup de navires passent en vue au-dessous de nous ; mais nos signaux et nos cris d'appel restent inutiles ; nous ne sommes ni vus ni entendus, ou plutôt la prodigieuse rapidité de notre marche ne permet pas aux marins de venir à notre secours ; cette dernière hypothèse est la plus probable.

Nous étions alors considérablement redescendus, et l'aéronaute eut l'idée de laisser pendre le guide-rope dans toute sa longueur (120 mètres), dans l'espérance (insensée !) qu'un navire passant au-des-

sous de nous pût l'accrocher et arrêter le ballon ;
nous n'eûmes pas cette chance, et il nous fallut remonter péniblement le câble.

11 *heures* 3/4.—Un gros navire dans l'est nous
aperçoit et tire un coup de canon de détresse.

11 *heures* 55 *m.* — Une goëlette, la dernière que
nous devions rencontrer sur notre route, nous si-
gnale ; les marins sont sur le pont, nous faisant des
signaux, manœuvrant pour nous porter secours. M.
Rolier pèse sur la drisse qui correspond à la soupape ; nous descendons rapidement à quelques mètres à peine au dessus du niveau de la mer, mais là
seulement nous nous apercevons de la vitesse vertigineuse de notre marche ; les 3 minutes environ
que nous avons mises à descendre ont suffi pour nous
porter à plus de huit kilomètres de la goëlette.
C'est alors que, comprenant l'impossibilité où nous
nous trouvons d'être sauvés par un navire, nous
nous décidons à remonter, et, comme il ne nous
reste plus qu'environ deux sacs et demi de sable
que nous devons conserver pour un dernier et suprême effort, nous nous déterminons à sacrifier un
sac de dépêches privées pesant environ 60 kil. ; le
ballon remonte à 3,700 mètres (1).

Midi 20 *minutes.*—Une brume extrêmement
compacte nous enveloppe ; à peine pouvons-nous

---

(1) Nous apprimes plus tard que ce précieux colis avait été
repêché par la goëlette norvégienne, qui nous suivait de bien
loin, dans l'espérance de pouvoir nous sauver.

distinguer notre ballon ; l'abaissement de la température est excessif, et nous souffrons du froid ; nos
cheveux et moustaches, et surtout nos cils, ne sont
plus que de petits glaçons ; le givre tombe d'une
manière continue ; je suis obligé de sacrifier ma
couverture pour couvrir et protéger mes pauvres
pigeons.

M. Rolier essaie de se hisser sur mes épaules pour
arriver à fermer complètement l'appendice du ballon, le gaz se congelant et formant une fine pluie
de neige qui tombait sans discontinuité sur nos têtes ; il y réussit, mais le gaz se dilatant et remon-
tant avec force vers la partie supérieure du ballon,
M. Rolier craint qu'une explosion ne soit déter-
minée par la fermeture de la soupape, et remonte
trois fois sur mes épaules pour ouvrir momentané-
ment la soupape.

Une heure. — Le brouillard épaissit toujours, et
malheureusement pour nous le froid semble devenir plus vif de minute en minute ; c'est alors que,
d'un commun accord, nous croyant absolument perdus, nous prîmes la résolution de faire sauter le
ballon. Je ne prétends pas, mon commandant, justifier cet acte de désespoir, c'est à dire de faiblesse,
mais je vous dois un récit sincère, et nous ne vou-
lions pas souffrir trop longtemps. Je donnai un dernier souvenir à ma patrie absente, à ma femme, à
mes trois pauvres petits enfants, et l'aéronaute essaya à plusieurs reprises d'enflammer des allumet-

tes; mais nos vêtements, nos semelles, tout ce qu'il frottait était tellement humide, qu'aucune allumette ne pût prendre ; je repris un peu confiance, et nous nous dîmes : « Dieu ne veut pas nous abandonner!»

2 heures 20 minutes. — Le ballon redescend avec une grande rapidité ; arrivé à une hauteur de 30 mètres environ au-dessus du niveau de la mer, toujours dans la brume, nous apercevons la cime d'un sapin qui émergeait d'une épaisse couche de neige; la nacelle, presque instantanément toucha terre, et l'aéronaute sauta, sans perdre un instant, au dehors; je voulus en faire autant, mais je me pris les pieds dans les cordes de l'ancre ou du guide-rope, et je me trouvai pendu, la tête en bas en dehors de la nacelle, et le ballon délesté d'une notable partie de son poids, remontait avec une extrême rapidité. Heureusement pour moi, M. Rolier put se cramponner au guide-rope, ce qui ralentit le mouvement ascensionnel. Je profitai du temps d'arrêt pour me dégager et tous deux nous pûmes tomber d'une hauteur de vingt à vingt-cinq mètres dans une couche de neige récente, c'est-à-dire molle, d'un peu plus d'un mètre d'épaisseur. Nous étions sauvés, mais nous avions perdu notre ballon et nos pauvres pigeons. (On verra plus loin ce que devint le ballon isolé.)

Nous étions alors au vendredi 25 novembre 1870, il était 2 heures 25 minutes de l'après-midi ; l'endroit où nous opérâmes notre heureuse descente s'appelle le Mont-Lid, tout à fait dans le nord de la Norwége, par 62 degrés et quelques minutes de latitude nord.

Nous venions d'échapper miraculeusement aux périls de l'air, la main de Dieu s'était étendue sur nous ; mais la position ne nous présentait que des perspectives peu consolantes ; nous nous trouvions jetés sur une terre inconnue, exposés à toutes les brutalités d'un climat glacial, sans vivres, sans provisions, presque sans vêtements : le ballon avait emporté dans sa course désordonnée nos pigeons, nos dépêches, nos vivres et nos couvertures.

Après une brève délibération nous nous décidâmes et primes la route du sud ; il nous fallait d'abord gagner les vallées, aussi entreprimes-nous, sans plus tarder, la descente de la montagne, trébuchant, glissant à chaque pas sur des surfaces glacées presque verticales, disparaissant jusqu'à la poitrine dans les trous de neige, nous rattrapant tant bien que mal aux branches des sapins, nous mimes un certain temps qui nous parut bien long, mais qui peut-être ne dura pas une demi-heure, à cette pénible descente, et finimes par trouver des traces de traineaux qui semblaient assez récentes; elles paraissaient se diriger vers le sud, il n'y avait pas à hésiter, nous les suivimes.

Après deux heures d'une marche bien pénible, enfonçant à chaque pas dans les trous de neige, la glace se rompant sous nos pieds, nos jambes disparaissant à demi dans les petits ruisseaux qui coulaient sous les dernières couches de neige, nous nous trouvâmes à bout de forces. Nous n'avions découvert, en fait d'êtres animés, que trois loups de forte taille qui défilèrent à une centaine de mètres de nous ; possesseurs, en fait d'armes, d'un petit couteau pour deux, il ne nous vint pas la plus légère velléité de nous mettre en travers, je vous l'assure, et nous les vîmes disparaître avec un soupir de soulagement.

M. Rolier, accablé de fatigue et de froid, se laissa aller sur la neige, dans une sorte de léthargie ; malgré tous mes encouragements et tous ses efforts, il lui était impossible d'aller plus loin ; enfin l'aidant de mon mieux à faire quelque pas, je parvins à l'amener au pied d'un gigantesque sapin, dont les branches, chargées d'un poids énorme de neige, descendaient jusqu'à terre, je pus l'installer assez commodément dans une sorte de fauteuil vraiment confortable, formé par deux grosses branches basses ; il était déjà profondément endormi.

Malgré mon extrême lassitude, je crus devoir me remettre en marche, pour tâcher de découvrir une habitation. Après une grande heure de recherches pénibles, il me fallut revenir ; la nuit qui tombait et le brouillard s'épaississant de minute en minute, me forcèrent de rebrousser chemin, et, le cœur gros, je repris ma route. Je suivais machinalement le sillon du traîneau, mettant avec soin mes pieds l'un après l'autre dans l'ornière, quand, levant les yeux par hasard, j'aperçus à ma droite, à peu près à 30 mètres, adossée à un rocher et dominée par l'ombre épaisse d'un sapin gigantesque, une cabane ruinée, dont la toiture avait cédé au poids de la neige et des ans, mais dont les parois me semblèrent en bon état. En un instant, ma fatigue disparut; en deux bonds j'étais au milieu de mon palais, que je trouvai à moitié rempli de foin.

Courir au sapin ou Rolier dormait si bien, l'arracher de son fauteuil, passer son bras autour de mon cou, l'entraîner bon gré malgré, et le précipiter tout ahuri dans la cabane, fut l'affaire d'une seconde; il était temps, il n'avait que les pieds à peu près gelés, mais cet engourdissement pouvait le conduire à la mort.

M. Rolier revint assez vite de cet état de torpeur; nous nous mîmes activement à débarrasser le foin des monceaux de neige qui le recouvrait; nous le trouvâmes chaud et tout fumant sous son manteau glacé; aussitôt que notre lit fut prêt, nous nous hâtâmes de barricader la porte, ou plutôt ce qui restait de la porte, avec tout ce que nous pûmes trouver sous la main, et confiants dans la protection divine qui saurait nous garder de la visite des ours et des loups, nous nous précipitons dans le foin où nous nous ensevelissons jusqu'aux yeux, et nous y trouvons, sinon le sommeil, du moins le repos et la chaleur.

Le bienfaisant sommeil fut long à venir; j'entendais les dents de mon voisin claquer, un cauchemar terrible secouait ses membres, mais il dormait et je n'osais pas le réveiller; malgré moi des pensées bien tristes venaient assombrir mon esprit accablé; j'arrivais toujours à cette conclusion fatale; n'avais-je été sauvé des terribles dangers de cette extraordinaire traversée aérienne, que pour venir sur cette terre glacée, mourir de froid et de faim!

Enfin, je pus m'endormir d'un sommeil fiévreux et fatigant, et je me réveillai vers six heures et demie du matin; c'était alors le 26 novembre; il n'y avait guère plus de trente heures que nous avions quitté Paris.

Les forces étaient venues à M. Rolier; après nous être bien secoués, débarbouillés et frottés vigoureusement avec de la neige, nous nous remîmes en marche, saluant d'un regard reconnaissant le misérable abri où nous avions trouvé quelque chaleur et un peu de sommeil réparateur; le jour commençait à poindre, mais à l'horizon, vers le nord, brillait encore d'un éclat intense la rouge lueur d'une splendide aurore boréale; nous avions pu nous tailler à chacun une forte et longue canne avec une des branches moyennes d'un sapin renversé par l'avalanche ou par la tempête. Nous cheminâmes péniblement à travers notre cortége obligé de neiges et de glaces; nous ne marchions guère vite, nos chaussures commençant à être dans un état misérable ; les bottes de M. Rolier, complétement percées, bien qu'assujetties avec un mouchoir, laissaient entrer la neige, et parfois des glaçons coupants. Nous souffrions de la faim.

Nos forces s'en allaient rapidement, à cause des efforts continuels qu'il nous fallait faire pour ne pas glisser à chaque pas dans les ravins et les fondrières. Nous gardions un morne silence, et je commençais à perdre vraiment courage, quand vers onze heures, levant la tête, nous poussâmes un cri de joie ; nous venions d'apercevoir une pauvre chaumière ! un palais ! Elle était vide, mais à l'intérieur tout annonçait que des êtres vivants avaient animé de leur présence ce pauvre séjour, et qu'ils ne l'avaient quitté que depuis peu de temps.

Nous étions sauvés, il ne nous restait plus qu'à attendre patiemment et à couvert le retour des habitants !

Après avoir fait le tour de l'habitation, nous remarquâmes à la porte d'une petite écurie des pelles et deux traîneaux dont l'un était chargé de foin ; plusieurs troncs de sapin ébranchés et dégarnis de leur écorce étaient étendus devant la porte.

Nous frappons à cette porte, et ne recevant aucune réponse, nous entrons ; en Norwége, comme dans tous les pays qui ne connaissent pas les bienfaits de la civilisation, comme en Bretagne, comme dans le nord de l'Ecosse, là où le vol est inconnu, là où l'hospitalité est un devoir sacré, les habitants ne ferment jamais leurs maisons; ici il n'y avait même pas de serrure.

Nous apercevons au milieu de la cabane quelques tisons à terre, foyer primitif qui dégage peu de chaleur et pas mal de fumée, et ces tisons fument encore; il y a donc bien peu de temps que les habitants ont quitté l'habitation. Sur une planche étaient étalés ou accrochés différents articles de ménage; de gros bas de laine tricotés étaient pendus dans tous les coins; dans un grand pot, il y avait du lait; dans un autre, du café; tout au fond de la pièce, dans un renfoncement obscur, était amoncelé un gros tas de foin foulé, qui, évidemment, servait de lit; ce foin était maintenu par quatre épaisses planches de sapin, et, par dessus, trois couvertures et deux chaudes peaux d'ours complétaient un ensemble confortable qui faisait rêver de chaleur et de sommeil.

Mais ce qui nous frappa le plus, ce qui attira tout d'abord nos regards avides fut une vaste marmite en fonte, toute pleine de pommes de terre, de vraies pommes de terre, cuites à l'eau, encore tièdes. Ah! les délices de Capoue! Nous en mangeâmes quelques-unes avec une certaine avidité qu'il faut bien nous pardonner, car nous n'avions presque rien pris depuis notre départ de Paris.

Un scrupule nous prit; nous étions entrés dans une habitation dont les maîtres étaient absents (que nous connaissions peu les braves gens de ce pays

hospitalier !), nous ne voulûmes pas nous exposer
aux reproches que les maîtres étaient en droit de
nous faire au retour, et quittâmes la cabane pour
nous installer au dehors; après avoir amassé une
bonne provision de bois, nous balayâmes avec soin
une place que nous eûmes la peine de débarrasser
d'une bonne quantité de neige, et nous y allumâ-
mes un grand feu, ce qui nous ragaillardit, car nous
étions plus qu'à moitié gelés.

Une demi-heure à peu près s'écoula dans cette
agréable et salutaire occupation, et tout à coup nous
vîmes déboucher tout en haut de la colline deux
paysans couverts de fourrures et conduisant chacun
un cheval. Ils s'arrêtèrent à notre vue, frappés de
saisissement. Nous nous étions levés, fortement émus
de notre côté : Rolier, s'avançant de quelques pas,
leur fit le salut russe, en levant les bras vers le ciel;
ils répondirent par le même signe et s'avancèrent
vers nous.

Notre première parole, quand nous arrivâmes auprès d'eux, fut: *Partis de Paris en ballon*; nous
épuisâmes toute la formule de notre rhétorique pour
leur dire que nous avions traversé une vaste mer,
que nous étions tombés dans les neiges, et que nous
étions absolument perdus, les suppliant de vouloir
bien nous accorder l'hospitalité, etc, etc. Les deux
braves gens se regardaient silencieusement, ne comprenant pas un traître mot de français, et nous répondirent par quelques syllabes d'une langue quel-

6

que peu sifflante et gutturale, idiôme auquel il fallut bien reconnaître que nous étions totalement étrangers.

La conversation menaçait de devenir languissante; mais on est Français ou on ne l'est pas, et, pendant un quart d'heure, je ne dirai pas nous échangeâmes, mais tout au moins nous prodiguâmes des fleuves d'éloquence, hélas! complètement perdue, quand une idée lumineuse nous vint : nous fîmes le dessin du ballon sur une carte, et plus heureux qu'Alexandre Dumas quand il crayonna un champignon dans une auberge, et qu'on lui apporta un parapluie, nous vîmes tout de suite que nos braves paysans nous avaient compris. Il y a plus d'un paysan en France, qui, vu l'incorrection du dessin, aurait pris notre ballon pour une toupie.

Après avoir attentivement regardé et le dessin et le côté gravé de la carte, ils virent imprimé le mot magique : « *Paris !* » et, regardant encore le dessin, crièrent : « *Ja, ballone, Paris!* » en nous montrant du doigt le ciel.

Les braves gens semblaient consternés ; mais leur stupéfaction se changea soudain en activité fébrile, à notre grand attendrissement. Le plus jeune alla chercher du lard et du saucisson qu'il fit frire, sur notre prière, dans une poêle, tandis que l'aîné s'empressait de nous traîner dans la cabane, rallumait du feu pour nous chauffer, et nous préparait du café.

Pour nous allumer du feu, le brave homme avait

tiré de son vêtement de peau une boîte d'allumettes, sur laquelle Rolier vit imprimé le mot *Christianja*; ce fut ainsi que nous avons appris que nous étions tombés en Norwége; car, à différentes reprises, nous avions demandé le nom du pays hyperboréen où nous avaient portés les hasards des courants aériens, et nos braves gens, ne comprenant pas un mot de ce que nous disions, n'avaient eu garde de répondre.

Après avoir splendidement dîné et nous être bien réchauffés, nous priâmes nos deux bons paysans de vouloir bien nous servir de guides jusqu'à Christiania; après force gestes expressifs, et à l'aide de la mimique la plus éloquente, nous parvînmes à nous faire comprendre; nos hôtes, après s'être brièvement concertés entre eux, acceptèrent. Nous pensions être à une heures ou deux de marche de Christiania; mais un peu plus tard, quand nous eûmes le bonheur de rencontrer des Norwégiens parlant notre langue, nous apprîmes avec stupéfaction que nous étions tombés au nord de Christiania, à une distance directe de plus de trois degrés de latitude, et que nous avions encore près de cent lieues à faire, et par quels chemins !

Quand nos braves hôtes se furent décidés, ils eurent bien vite terminé leurs préparatifs de départ, et nous emmenèrent aussitôt avec eux; pour la troisième fois, nous eûmes à patauger et à glisser dans la neige, exercice auquel nos chaussures délabrées ne

se prêtaient que médiocrement. Mais, après un trajet d'une heure environ, nous arrivâmes sur les
bords d'un lac splendide, encadré de montagnes nei-
geuses et de sapins magnifiques. Là était adossé
aux rochers granitiques un amas de quelques chau-
mières habitées ; nous entrâmes aussitôt dans l'une
d'elles, précédés par nos braves guides ; c'était là
qu'ils habitaient avec leurs familles. La cabane que
nous venions d'abandonner n'était qu'une sorte de
pied-à-terre, de villa, ou, si vous aimez mieux, de
grange, où ils serraient leurs instruments aratoires
et une partie de leurs récoltes.

Nous ne saurions trop remercier ces braves et
excellents Norwégiens des marques de sollicitude et
de véritable tendresse qu'ils nous prodiguèrent : on
nous donna encore à manger, on nous couvrit de
vêtements du pays, c'est à dire d'épaisses fourrures;
on nous chaussa de bottes fourrées bien chaudes,
bref on nous traita comme des fils ou des frères ai-
més, et non comme des étrangers tombés on ne sait
d'où, tout cela avec effusion, sans compliments et
sans apprêts ; que voulez-vous, ces pauvres gens
sont peu civilisés, la forme laisse à désirer, mais le
cœur va de l'avant.

Vers quatre heures, nos hôtes, simples bûcherons
de leur état, après avoir fait un bout de toilette en
l'honneur des hôtes de Dieu, c'est-à-dire des étrangers, nous invitèrent encore une fois à nous asseoir
à leur table, et après que nous eûmes cordialement

bu à nos santés réciproques et à la patrie absente,
nous prièrent de vouloir bien les suivre ; nous prîmes congé avec émotion des femmes et des enfants
de ces deux braves cœurs, nous les remerciâmes,
les larmes aux yeux, des bons soins dont elles nous
avaient entourés, et nous nous mimes courageuse-
ment à suivre nos guides.

Depuis plusieurs heures il dégelait un peu, le
thermomètre ne devait guère marquer plus de 8 ou
10 degrès centigrades au-dessous de zéro ; le lac
était devenu navigable, aussi nos bûcherons ve-
naient-ils de mettre à l'eau une embarcation légère
dans laquelle nous montâmes et qu'ils conduisirent
à l'aviron ; après être restés une heure environ sur
l'eau, nous abordâmes à un petit village nommé
Silgjor ; étant descendus et après un quart-d'heure
de marche, nous arrivâmes à l'habitation du pasteur
Bïje, où, présentés par nos bûcherons, nous fûmes
cordialement accueillis et mis tout de suite à notre
aise.

Le bon pasteur ne parlait pas français ; mais à
peine étions-nous installés dans sa maison hospitalière, qu'arrivèrent trois de ses amis qu'il avait
aussitôt envoyé prévenir : le docteur Thomesen, la
providence des malades du canton, l'avocat Walloë
(ou ne trouverait-on pas des avocats ?), et l'ingénieur des mines Nielsen.

Ces trois messieurs, parfaitement distingués et du
meilleur monde, parlaient admirablement le fran-

çais ; la présentation fut bientôt faite, et nous pûmes à notre aise raconter notre histoire.

On éprouve toujours un certain soulagement à narrer ses misères, surtout quand on est un peu le héros d'une surprenante aventure ; nous étions écoutés par ces esprits distingués et bienveillants avec intérêt, quand nous racontions notre odyssée ; mais on voyait que leur pensée était ailleurs. Paris, Paris assiégé ! Le monde entier ne se préoccupait que de ce grand cataclysme, et voilà que des nouvelles toutes fraîches, exactes, brûlantes, arrivaient à ces populations si dévouées à la France, qui venaient seulement d'apprendre, depuis quelques jours à peine, les effroyables évènements qui s'accomplissaient si loin d'elles.

Il fallut tout leur dire, et leur raconter le dévouement et le stoïcisme héroïque des Parisiens, et les miracles accomplis par le gouvernement de la défense nationale ; mais surtout il fallait leur parler de Trochu, le rude Breton, dont le nom était déjà arrivé jusqu'à ces populations hyperboréennes, et dont la gloire est en train de devenir légendaire parmi ces voisins du pôle nord. Il fallut leur dire toutes les exécrables infamies des sauvages envahisseurs de la France ; leur parler de notre jeune République. Bref, jamais plus pauvres orateurs n'obtinrent pareil succès d'enthousiasme.

Après deux heures consacrées à ces récits, il nous fallut quitter la maison hospitalière du pasteur Bije;

M. Nielsen voulait absolument nous avoir à dîner;
nous prîmes là congé des deux braves bûcherons
qui nous avaient sauvés ; il nous fut impossible de
leur faire accepter de l'argent: peut-être un jour
nous sera-t-il permis de reconnaître le dévouement de ces bons Norwégiens; aujourd'hui nous ne
pouvons ici que leur en témoigner notre profonde
gratitude.

Nous allâmes chez M. Nielsen, dont la maison
était éloignée de plus d'une lieue ; nous étions chau-
dement enveloppés de couvertures et montés sur
un grand traîneau avec le docteur Thomesen, M.
Walloë et notre nouvel hôte ; ce dernier s'arrêta en
route devant une maison de bonne apparence, ap-
partenant à un de ses voisins, dans laquelle il savait
qu'on pourrait nous loger ; il retint donc la chambre d'ami et fit tout préparer pour notre bonne réception. Pendant ce temps, nous étions arrivés chez
lui ; il nous rejoignit presque aussitôt, et nous présenta à Mme Nielsen et à toute sa famille, qui s'était
réunie en l'honneur de ce grave évènement ; nous
passâmes une soirée des plus douces et des plus
charmantes.

Vers minuit, il nous fallut prendre congé de cette
excellente famille : nous dûmes embrasser tous les
enfants « pour leur porter bonheur », nous disaient
gracieusement les mères ; M. Nielsen, en nous quit-
tant, nous remit une petite somme pour la caisse
des blessés français ; il nous avait aussi procuré de

la monnaie norwégienne, et puis, après nous avoir donné une instruction écrite sur tout ce que nous avions à faire et à demander pour assurer notre arrivée à Christiania, il nous fit remonter dans son traîneau et nous conduisit à la maison où il avait retenu nos lits ; là, enfin, après nous avoir installés, il prit congé de nous, en nous souhaitant une bonne nuit.

A cinq heures du matin (le dimanche 27 novembre), notre brave ingénieur, accompagné de M. le pasteur Bije, vint nous réveiller et nous prévenir que les traîneaux, guides et chevaux nous attendaient à la porte ; nous nous habillâmes en toute hâte, et après avoir absorbé un bref déjeûner, bien chaud, nous prîmes congé de M. Nielsen et du pasteur Bije, qui nous embrassèrent avec effusion ; ce dernier nous dit, les larmes aux yeux : « Je suis l'ami des Français. » C'était une phrase qu'il avait apprise par cœur, et ce sont les seuls mots français que nous lui avons entendu prononcer.

Il était cinq heures et demie du matin ; nos guides montent sur l'étroite banquette du cocher, les chevaux prennent le galop ; nous sommes en route pour la capitale de la Norwége.

Je ne puis, mon commandant, vous faire, heure par heure, le récit détaillé de cet admirable voyage. Nous traversions, au galop persistant de nos petits chevaux, velus comme des ours, montagnes, torrents, ravins, aux prix de quelles effroyables se-

cousses ! Les côtes m'en font encore mal. Mais
c'était la nature septentrionale dans sa plus éblouis-
sante splendeur ; il faudrait une plume autrement
exercée que celle d'un franc-tireur, pour vous dire
les merveilleux horizons qui venaient à chaque pas
surprendre et ravir nos regards éblouis.

Nous n'arrivâmes à Cromberg qu'à une heure et
demie du matin, par conséquent le lundi 28 novembre ; nous descendîmes à l'hôtel, et après avoir
pris deux ou trois heures de repos, nous nous levâ-
mes au petit jour, et ayant fait à la hâte une toilette
sommaire, nous allâmes rendre une visite matinale
au juge de paix de la ville, pour lequel l'ingénieur
M. Nielsen nous avait donné une chaude lettre de
recommandation.

Nous passâmes dans cette excellente famille toute
l'après-midi du même jour. M. X.. (je lui demande
bien pardon de ce lapsus de mémoire, mais j'ai
perdu à mon retour une notable partie des notes
que je ne manquais pas de rédiger chaque soir sur
les divers incidents du voyage), notre hôte, dis-je,
envoya au consul de France en Norwége une dépêche télégraphique pour lui signaler notre miraculeux sauvetage, en lui donnant quelques détails sur
les périls que nous avions courus ; la réponse nous
arriva pendant le déjeuner de famille, auquel nous
prenions une part active. M. Hepp nous souhaitait la
bien venue et nous disait (le cœur me bat encore
quand j'y pense!) que notre ballon avait été re-

trouvé, et que nos pauvres pigeons.... étaient bien
portants. Il me fut impossible de continuer le déjeûner ; j'étouffais ; force me fut de me lever de table, et je ne trouvai un peu de calme que lorsque
notre excellent hôte nous eut avertis de nous dispo-
ser au départ. A sa porte nous attendaient un guide,
un cheval et un traîneau qui devaient nous transporter à une gare du chemin de fer de Christiania, à
quelques lieues seulement de Cromberg.

Une foule compacte nous attendait à la sortie ; les
femmes, en toute hâte, avaient fabriqué des drapeaux français ; ce furent des hourrahs et des cris
assourdissants de : « Vive la belle France ! » C'était
en quelque sorte un cri national, et jamais depuis
nous n'entendîmes acclamer « la France, » mais toujours « la belle France ! »

Après que nous eûmes dit le dernier adieu à notre hôte de Cromberg et à sa bonne et gracieuse
famille, nous eûmes à traverser la ville, où il nous
fallut aller au pas, à cause de la foule, et toujours
au milieu des cris de : « Vive la belle France ! » pendant qu'aux fenêtres les femmes déployaient leurs
drapeaux et nous saluaient affectueusement de leurs
mouchoirs ; les hommes, en double rang au milieu
des rues, tenaient tous à nous serrer cordialement
la main les uns après les autres.

Après cette explosion d'enthousiasme, nous pûmes enfin reprendre notre route à travers les forêts
et les montagnes couvertes de neige, et arrivâmes

vers 7 heures du soir à la gare du chemin de fer, où nous devions prendre le train pour Drammen.

A cette petite gare nous attendaient tous les habitants des environs; les braves Norwégiens nous accueillirent par des hourrahs frénétiques. Nous avions beaucoup de peine à traverser les rangs serrés et à nous diriger vers le chemin de fer; le chef de gare, accompagné des notables du pays, vint à notre aide ; il nous fit entrer dans un salon où nous pûmes nous reposer quelques instants.

Un administrateur du chemin de fer vint nous chercher à 6 heures et demie, nous fit monter dans un wagon réservé, vint prendre place à nos côtés, et après nous avoir cordialement, et en excellent français, souhaité la bienvenue en Norwège, nous entoura jusqu'à Drammen des soins les plus empressés et des prévenances les plus attentives.

L'enthousiasme des braves habitants était tel qu'ils ne voulaient pas laisser partir le train ; ils voulaient absolument nous presser la main les uns après les autres; et quelles solides étreintes! Je m'étais labouré un doigt de la main droite dans ma chute du ballon, les braves gens me le pressaient avec une amitié si énergique que les larmes m'en venaient aux yeux ; enfin le chef de gare dut brusquer la scène des adieux, nous réintégra dans notre compartiment et donna le signal du départ.

Le télégraphe avait signalé notre arrivée jusqu'aux extrémités de la Norwège; à chaque station, même affluence sur la voie et même enthousiasme; les chefs de gare faisaient éclairer l'intérieur de notre wagon, afin que chacun, défilant devant les portières, pût nous contempler tout à son aise, et nous saluer dans notre majesté.

A la seconde station, M. Omsted, notre agent consulaire à Drammen, accompagné de M. le directeur de la ligne, arrivés à notre rencontre, nous souhaita la bienvenue et prit place dans notre compartiment.

Ces messieurs nous apprirent que nous faisions l'objet de toutes les conversations du royaume, que l'on faisait de grands préparatifs à Drammen pour nous recevoir.

J'avais pris la résolution de me laisser admirer tant qu'on voudrait, bien que je comprisse parfaitement que ce n'était pas à nous, obscurs serviteurs de notre pays, que s'adressaient tous ces hommages, mais bien à la pauvre et héroïque France; cependant la persistance de ces ovations commençait à m'inquiéter un peu, et je me demandais comment j'en sortirais à mon honneur. Tant que nous étions au milieu des paysans, ça pouvait passer; mais quelle figure allions-nous faire dans le monde élégant des grandes villes avec nos peaux d'ours et nos bottes fourrées !

Quand nous fûmes arrivés à Drammen, nous trouvâmes à la gare les membres du conseil de ville, précédés du maire, les notables du pays, et une foule immense venus pour nous recevoir. Dès qu'on nous aperçut, ce ne fut qu'un tonnerre de hourras et de cris de : « *Vive la belle France!* » On nous porta littéralement en triomphe jusqu'à la voiture, qui nous attendait pour nous conduire à l'hôtel ; M. Omsted et le directeur de la ligne montèrent avec nous, nous obligeant à prendre les places d'honneur ; toujours même affluence d'une foule enthousiaste et bruyante jusqu'à l'hôtel.

A l'hôtel, où par bonheur M. Rolier retrouva sa petite malle, que l'on avait sauvée avec le Ballon, nous pûmes au moins changer de linge et nous mettre en grande tenue ; ce n'était pas encore bien brillant, mais au moins c'était presque présentable.

Après avoir consacré une demi-heure à cette toilette, nous repartîmes avec ces Messieurs dans notre voiture, toujours avec notre cortége enthousiaste et un peu assourdissant.

Nous revînmes à la gare, dont le grand salon avait été décoré pour la circonstance ; quand nous fîmes notre entrée, j'étais au bras de M. Omsted, et Rolier était conduit par le maire de Drammen, nous fûmes solennellement présentés à tous les notables, et tout de suite on passa à la collation ; on servit force vin de Champagne ; tout le monde nous interrogeait à la fois, et recommençait sans avoir pu entendre la réponse.

Enfin le calme se rétablit, les toasts et les discours commencèrent ; Rolier, qui était plus éloquent que moi, se chargea des réponses et fit le récit de notre voyage. Quand il parla du courage de la France et de l'héroïsme de Paris, quand il fit espérer que bientôt nous allions sortir vainqueurs de cette formidable lutte, ce fut un tumulte indescriptible et l'on nous porta en triomphe autour de la table.

Les braves corporations de Drammen voulurent aussi prendre part à la fête; et d'excellents chœurs d'ouvriers nous firent entendre les accents sublimes de la *Marseillaise*, les *Girondins* et les airs nationaux de la Suède et de la Norwége.

Vers une heure du matin, on servit le punch et l'on but avec des acclamations frénétiques à la délivrance de Paris et de la France.

M. Omsted et le directeur du chemin de fer, qui voyaient notre accablement, eurent enfin pitié de nous; peu à peu ils nous éloignèrent de la foule, et à un moment donné nous firent passer par une porte de derrière où nous pûmes retrouver notre voiture qui nous ramena à l'hôtel; nous y prîmes un peu de repos, dont je vous assure, nous avions un rude besoin. Jamais, je crois, je ne m'étais senti aussi fatigué.

Le lendemain mardi, à cinq heures du matin, l'excellent M. Omsted vient nous réveiller et nous nous préparons à partir pour Christiania : le maire de la ville, l'administrateur du chemin de fer nous font leurs adieux; nous allons monter en voiture pour nous rendre à Christiania. Tout-à-coup je

m'arrête en proie à la plus vive émotion.... Est-ce
un rêve? De la voiture sort un bruit qui m'est devenu familier: je m'élance, j'ouvre la portière...
Mes pauvres pigeons sont là dans leur cage d'osier;
les bonnes chères bêtes roucoulent absolument comme si rien d'extraordinaire n'était arrivé: c'était
une douce surprise que m'avait ménagée M. Omsted; depuis la veille, tout ce que contenait la nacelle était arrivé à Drammen; le ballon seul était
encore en route; les pigeons avaient été partout
soignés avec la plus vive tendresse; aussi, avec
quelle effusion je remerciai le bon M. Omsted de sa
prévoyance attentive, et combien je fus heureux
quand il me fit part de son intention de ne plus
nous quitter jusqu'au jour du départ.

Nous partons: à une demi lieue de Christiania,
le chancelier du consulat vint à notre rencontre
nous invitant à descendre au consulat, « la foule,
nous dit-il, étant beaucoup trop compacte pour
nous permettre d'aller jusqu'à l'hôtel. »

Je n'ai pas l'intention, mon commandant, de vous
d'écrire *par le menu* les fêtes qui nous accueillirent
à Christiania; sur une échelle beaucoup plus vaste,
ce fut la répétition des cérémonies de Drammen;
mais ce que je ne saurais trop vous dire, c'est avec
quelle bonté touchante nous fûmes reçus, mon ca-
marade et moi, par M. Hepp, le consul de France,
et Mme Hepp.

Le packet anglais partant deux heures après notre arrivée, M. Hepp, nous voyant accablés de fatigue, nous fit rester deux jours de plus en Norwége.

Tout d'abord, je l'avais pris à part et l'avais consulté sur ce que j'avais à faire pour l'expédition immédiate d'une dépêche en France. M. Hepp la prit, en ma présence l'ouvrit, et voyant qu'elle était chiffrée, la fit télégraphier aussitôt à Tours par la voie de Londres.. Je sus par vous depuis qu'elle était arrivée, et que son accusé de réception avait été adressé et reçu à Paris presque aussitôt.

Il était à notre arrivée chez M. Hepp midi et demi; la dépêche était partie à une heure, le 28 novembre 1870. Vous voyez que je n'avais pas perdu de temps, et je fus soulagé d'un grand poids quand je me sentis dégagé de cette grave responsabilité; le rapatriement n'était plus qu'une affaire de temps.

Mᵐᵉ Hepp adopta mes bons pigeons et les lâcha dans un salon, où ils se baignaient, voletaient, roucoulaient joyeusement, et où ils arrangeaient les housses des meubles, je vous en réponds.

Pendant la nuit qui suivit notre arrivée, il nous fallut nous relever après minuit pour faire honneur à l'aubade que les étudiants de la ville, au nombre de deux cents environ, venaient nous donner à l'hôtel : *Marseillaise*, *Girondins*, chants nationaux norwégiens et hourrahs en profusion, cela dura bien jusqu'à trois heures.

Décidément, j'arrivais à ne plus savoir dormir.

Le lendemain, ce fut la répétition des fêtes de la

veille avec aggravation; on nous promena le soir
dans les théâtres où la musique nous accueillit par
la *Marseillaise*, que la foule écoutait debout, et
puis vint la grande cérémonie de *la Loge*, où les
autorités civiles et militaires et les notables de la
ville donnèrent une fête splendide en notre honneur;
le général Neywmann, le grand poète norwégien
Jonas Lie, et bien d'autres personnages éminents
nous accablèrent des témoignages non équivoques
de la plus cordiale sympathie; nous ne savions comment y répondre.

M. Hepp nous demanda de conserver le ballon
pour l'exposer au profit des blessés français. M. Rolier s'empressa de souscrire à cette bonne pensée
et nous sommes certains du résultat de cette exhi-
bition; ce consul, aussi bon patriote qu'énergique
représentant du pays, avait déjà recueilli en Norwége des sommes importantes dans ce but sacré; il
nous remit en valeurs sur la France et l'Angleterre
près de 24,000 francs, que M. Rolier se chargea de
transmettre au gouvernement de la défense nationale.

Il fallait partir, et malgré les ovations et les douces prévenances dont nous étions l'objet, mon
cœur bondissait à la pensée de revoir ma pauvre
France, dont il me semblait que j'étais séparé depuis un siècle; M. Hepp avait retenu nos places à
bord d'un steamer dont le capitaine était Prussien;
réflexion faite, et d'après certains renseignements,

7

il changea d'avis au dernier moment et nous fit
monter à bord du *North-Star*, dont le capitaine
était Anglais, et déclara en jurant énergiquement
qu'il avait fait la campagne de Crimée, et que « dût-
il saborder son navire, jamais les Prussiens n'auraient un pouce de notre carcasse. »

La scène des adieux fut abrégée, nous pleurions
tous, il nous fallut embrasser les dames, les enfants;
MM. Hepp et Omsted nous pressèrent les derniers
dans leurs bras, comme des pères qui voient partir
leurs fils, et le cœur bien serré nous allâmes nous
réfugier dans nos cabines.

Ah! les bons Norwégiens! peuple simple et hospitalier! que Dieu répande sur ces hommes au cœur
dévoué le trésor de ses bénédictions! Je ne puis reconnaître que par ma gratitude émue les mille soins
affectueux et touchants qu'ils ont eus pour moi, le
dévouement et la sollicitude dont ils m'ont donné
les preuves les plus tendres; qu'ils soient à jamais
bénis, à jamais heureux! C'est le vœu le plus cher
que je puisse former après celui du salut de ma
pauvre patrie, « la belle France. »

Il ne me reste plus, mon commandant, qu'à vous
donner en quelques mots la conclusion de mon
voyage; pendant les cinq jours et les quatre nuits
que dura la traversée jusqu'à Londres, je fus horriblement malade, et il me fut à peu près impossible
de prendre un moment de repos. Mais mes bons
amis les pigeons supportaient à merveille les péri-

péties du voyage; ils étaient en liberté dans ma
cabine, où ils avaient du blé et de l'eau à discrétion
et s'en donnaient à cœur joie; ces bêtes là ne s'éton-
nent de rien.

A Londres, je restai trente heures, et m'embar-
quai pour Jersey et St-Malo, où j'arrivai le 8 décembre 1870.

De là à Tours, par les voies rapides, il n'y avait
qu'un pas.

Vous voyez, mon commandant, que j'ai accompli
ma mission avec fidélité; j'ai mis, il est vrai, plus
de quinze jours pour me rendre de Paris à Tours,
mais j'ai passé par la Norwège et par l'Angleterre, ce qui n'était pas absolument la route directe.
Mes dépêches sont parvenues à destination, et, ce
que je considère comme mon seul titre de gloire,
grâce à mes bons amis de Norwège, j'ai sauvé et
ramené mes pauvres pigeons! »

B. L.

Le sac de dépêches lancé, comme on l'a vu, dans
la mer par les aéronautes (et heureusement recueilli
par une goëlette) fit croire au naufrage d'un aérostat. D'un autre coté, le ballon ayant continué sa
course après la descente des aéronautes en Norwège, vint tomber dans la cour d'une ferme, et fut
pris encore pour un autre messager aérien, de sorte
que la *Ville-d'Orléans* représenta *trois* ballons différents pour les personnes incomplètement rensei-
gnées.

Voici le récit du voyage de la *Ville-d'Orléans* désemparée, après la descente de M. Rolier. Il est extrait de la *Gazette de Gothembourg* du 1er décembre :

« Dimanche dernier, le bruit se répandait à Gothembourg qu'un ballon portant plusieurs pigeons, des sacs de lettres, etc., mais point d'aéronaute, était tombé près de Krodshered, suivant une dépêche envoyée à Christiania. On se demanda alors ce qu'étaient devenus les hommes qui montaient ce ballon. En attendant que nous puissions être éclairés sur ce point, nous recevons quelques détails nouveaux sur ce ballon qu'il ne faut pas confondre avec celui dont nous avons parlé précédemment. (Mais si, excellente *Gazette*, il faut le confondre, puisque c'est évidemment le même.)

» Vers les deux heures de l'après-midi, les habitants de Krodshered aperçurent dans les airs un objet bizarre venant du Sud ; comme le temps était chargé de brume, on n'eut aucune certitude de ce que ce pouvait être avant que le ballon fût tombé dans la cour d'un paysan de Krodshered. Grande furent, au premier abord, la stupéfaction et les appréhensions des bons habitants, qui ne furent rassurés que lorsqu'ils virent qu'il ne s'agissait point de sorcellerie ; mais d'un ballon français envoyé par les assiégés de Paris. Il est évident que le ballon a fait fausse route. En attendant, ce pauvre aérostat est là couché sur le sol, à demi rempli de gaz, et

s'agitant au moindre souffle d'air avec un bruit stri-
dent comme s'il haletait épuisé de son fatigant
voyage.

» Ce ballon ne diffère en rien de ce que nous con-
naissons déjà par les dessins et les descriptions;
quant à la nacelle, voici ce qu'elle contenait:

» Trois grands sacs de lettres attachés avec des
chaînes, dont deux étaient en bon état, mais le troisième, tout déchiré, permettait à la curiosité de se
satisfaire; quant au contenu du sac, c'était peu de
chose en vérité: nombre de journaux d'ancienne
date, à destination de l'Afrique.

» D'êtres vivants, il s'en rencontra six, six pigeons bien portants. Un sac de nuit contenant
divers articles de toilette et des vêtements;
un plaid écossais, une casquette d'officier de
marine, un appareil électrique et deux longues-
vues. Le frêle esquif n'était point menacé de di-
sette, car on y a trouvé trois pains, une oie, plusieurs bouteilles de Bordeaux. Ce dernier détail nous
permit de juger que le ballon n'avait pas été longtemps en route; et ce qui prouve qu'il avait dû être
abandonné tout récemment, c'est que la nourriture
et l'eau des pigeons avaient été renouvelées depuis
peu. » On a vu par le récit du franc-tireur que le
tout fut rendu intact aux aéronautes.

Quatre jours après le départ de la *Ville d'Orléans*,
le *Jacquard* fut lancé à 11 h. 15 du soir, et vint
tomber près de Honfleur, le 28 novembre. Il était

conduit par le matelot Prince et portait 250 kilg. de
dépêches. Ce matelot n'a pas reparu. D'après les renseignements recueillis par M. Nadié, Prince avait
annoncé l'intention de « voir beaucoup de pays »; il
aurait touché terre près de la Rochelle (ou selon
nous, près de Honfleur) et se serait relevé à nouveau, pour passer au dessus de l'Atlantique.

Cependant la grande sortie du 29 novembre se
préparait, le plan ne put être concerté entre Paris
et la province, par suite des mauvaises chances
éprouvées par le ballon du 24 novembre. L'armée de
la Loire, après la victoire de Coulmiers et la reprise
d'Orléans, ne put pas s'avancer jusqu'à Etampes et
Corbeil, comme il l'aurait fallu pour délivrer Paris.
Néanmoins les bonnes nouvelles apportées par le
ballon le *Jules Favre* causèrent une grande joie
dans toute la France. On s'exagéra même l'impor-
tance du résultat.

L'arrivée du ballon le *Jules Favre* (deuxième),
près de Belle-Isle-en-Mer, patrie du vaillant général
Trochu, est racontée avec détails dans la lettre suivante, publiée par la *Gironde* :

Belle-Isle-en-Mer, 2 décembre.

Monsieur le rédacteur,

J'étais de faction, dans la nuit du 30 novembre
au 1er décembre, quand j'aperçus le ballon le *Jules
Favre*; il faisait alors très froid, et le vent soufflait
avec violence de l'est au sud-est. Cet aérostat, quelques instants avant son arrivée, avait été signalé à

Belle-Isle par les postes sémaphoriques de Piriac (embouchure de la Vilaine), et de l'île d'Hœdic. Il était monté par M. Alfred Martin, aéronaute, et un envoyé de M. le ministre des affaires étrangères, M. Ducaurroy.

Les voyageurs ont passé au-dessus du Mans et de Redon. Ils aperçurent très bien l'embouchure de la Vilaine, mais les brumes qui régnaient dans les vallées voisines de cette dernière ville leur firent craindre la présence des marais et les empêchèrent de descendre. Alors, entraînés par un vent très violent, ils passèrent près de l'Hœdie, se dirigèrent vers l'île de Houat, sans pouvoir atteindre ni l'une ni l'autre. A ce moment, Belle-Isle-en-Mer apparaissait à l'horizon comme une partie du continent; mais quelles ne furent pas les inquiétudes de nos intrépides voyageurs lorsqu'ils aperçurent au loin et au-delà de Belle-Isle l'Océan et son immensité!

Les dangers que courait le *Jules Favre* forcèrent les aéronautes à ouvrir promptement la soupape. A peine deux minutes s'étaient-elles écoulées que le ballon s'était abaissé de 2,000 mètres, et il atteignit le sol sans s'y heurter violemment. Toutefois la surface considérable qu'il offrait au vent permit à celui-ci de l'entraîner rapidement vers la côte, qui est limitée par la *grande mer*.

En se dirigeant vers l'abîme, il parcourut de 1,800 à 2,000 mètres, en éprouvant de grandes avaries et en renversant sur son passage des murs, des talus de fossés, etc.

C'est au village de Tisseveno que le ballon s'est définitivement arrêté ; encore 1,200 mètres de parcours, il atteignait l'Océan et s'y précipitait avec ses précieux bagages. Les deux aéronautes, malgré de graves et nombreuses contusions, avaient pu mettre pied à terre un moment auparavant.

On frémit en pensant qu'un retard de deux minutes dans leur détermination de gagner la terre entraînait inévitablement la perte de ces deux hommes si dévoués et si courageux.

De plus, le moindre changement dans la direction du vent les eût fait passer à droite ou à gauche de notre rocher. Il n'y a pas exagération à porter la vitesse moyenne du ballon à 100 kilomètres à l'heure.

La population de Belle-Isle s'est portée en masse à Tisseveno, village où les voyageurs reçurent un accueil sympathique. Deux heures après leur descente, ils étaient les hôtes de l'*Hôtel de France,* à Palais, maison dans laquelle est né le général Trochu. M. Martin et ses compagnons de voyage avaient leurs vêtements en lambeaux. Le premier est parti le soir même pour Tours ; le second est resté à Belle-Isle, par suite des graves contusions qu'il a reçues dans la chute du ballon.

C'est un aviso de l'État qui a porté les dépêches du gouvernement à St-Nazaire. »

Un ballon sans mission postale, la *Bataille de Paris,* partit aussi le 30 novembre.

V.

Les ascencions du mois de décembre. — Mission scientifique de M. Janssen. — Aventures de l'aéronaute Joignerey. — Le voyage de M. Delamarne à Wetzlar (Nassau). — Sa captivité et son retour à Paris. — M. Chaumont du *Davy*, croyant aller de la Manche au Rhin et à la Côte d'Or. — Descente de M. de Boisdeffre à Beaufort.

Le 2 décembre, le *Volta*, ballon sans dépêches, (aéronaute Lechapelain), emporta M. Janssen, envoyé en mission scientifique pour observer l'éclipse de soleil du 21 décembre. Il échoua au bord de la mer, non loin de St-Nazaire, et au moment où M. Janssen venait de mettre pied à terre, un coup de vent secouant la nacelle, brisa tous les instruments d'observation.

Le *Franklin* (aéronaute Marcia) parti de la gare d'Orléans, à une heure du matin, descendit heureusement le 5 décembre près de St-Nazaire. Il portait en outre un envoyé du général Trochu.

Le *Papin* (aéronaute Daumalin), parti dans la nuit du 6 au 7, tomba à La Ferté-Bernard (Sarthe). La nacelle contenait MM. Montgaillard, Delort et Robert. Ces derniers allaient essayer d'organiser le système des boules flottantes pour les lettres adressées à Paris par Moulins, et dont nous reparlerons plus loin.

Le *Général Renault*, ballon cubant deux mille mètres et monté par l'aéronaute Henri Joignerey, le célèbre Hercule gymnasiarque du cirque national de Paris, partit le 11 décembre, de la gare du Nord, à deux heures du matin.

Il emportait dans sa nacelle :

Deux envoyés du Gouvernement de Paris, chargés de missions importantes pour l'armée de la Loire et pour la Délégation gouvernementale siégeant à Bordeaux, MM. Larmanjat et Wolf, une quantité de sacs de dépêches et douze pigeons.

Après un trajet de douze heures et une poursuite acharnée pendant vingt-cinq kilomètres par les Prussiens, le ballon effectua sa descente à deux heures de l'après-midi dans le bois de Bailyolet, près Neufchâtel (Seine-Inférieure).

L'ennemi occupait toutes les localités environnant le bois de Bailyolet. Mais il a essayé en vain différents feux de peloton sur le ballon ; celui-ci s'est maintenu, au moment critique, à la hauteur de deux mille quatre cents mètres.

Une fois arrivé dans la forêt, l'intrépide aéronaute Henri Joignerey a pu couper rapidement les cordages qui tenaient suspendus à la nacelle tous les sacs de dépêches dont il était porteur.

Mais il ne suffisait pas de descendre rapidement, il fallait encore quitter promptement un endroit que le voisinage des Prussiens rendait des plus périlleux.

Deux habitants de Neufchâtel étaient accourus
dès le début au secours du ballon avec chevaux et
voitures. On put donc charger en un clin-d'œil, dépêches, pigeons, aéronaute et voyayeurs qui partirent à fond de train pour le bureau de poste de Fou-
carmont, situé à 20 kilomètres de Neufchâtel.

Le ballon, cela va sans dire, fut abandonné au
milieu du bois.

Le ballon suivant, parti le 15 décembre, avait
nom la *Ville-de-Paris*. Il portait l'aéronaute Delamarne et MM. Lucien Morel et Bilbaut, passagers.
Ceux qui connaissent déjà l'intéressante relation de
M. Delamarne, publiée par le *Gaulois*, nous sauront
gré eux-mêmes de reproduire une partie de cette
narration saisissante que chacun voudra conserver :

« .... Après une demi-heure de marche, les
Prussiens saluèrent notre passage au-dessus de
leurs lignes par deux coups de feu. Une balle passa
tellement près de nous que son sifflement me fit
l'effet d'une corde de piano qui se brise ; la seconde,
moins distincte, se perdit dans l'immensité, et fort
heureusement pour nous, ces coups de feu ne furent
suivis d'aucun effet. Je priai mon compagnon Morel
de retirer la lanterne de dessous la nacelle, tandis
que de mon côté j'envoyais dans l'espace un sac de
lest, qui nous fit atteindre une altitude de 1,300 à
1,350 mètres de hauteur, à laquelle je me maintins
pendant mon parcours à l'abri des projectiles prussiens.

Il est cinq heures et demie; à environ 150 à 200 mètres, j'aperçois sous la nacelle *une couronne en tout point semblable à l'arc-en-ciel*, dans la nue, se mouvant avec l'aérostat, et paraissant nous suivre. Je m'expliquais ce phénomène par la réfraction des rayons lunaires à travers ces nuages vaporeux formant prisme sur le ballon. Les nuages marchaient avec la même vitesse que nous, et mes compagnons peu habitués à ce genre de locomotion, *se croyaient dans la plus complète immobilité.*

Il est six heures, nous apercevons un campement dont quelques tentes sont éclairées; mais la distance ne nous permet pas d'apprécier à travers cet océan nuageux si ce sont des compatriotes ou des ennemis.

À 7 heures et demie, notre attention est de nouveau mise en éveil par une sonnerie de clairons accompagnée d'un grand bruit de voix.

Morel croit reconnaître la sonnerie française et m'engage à descendre. Le bruit arrivait jusqu'à nous d'une manière confuse, ne pouvant le préciser, je lui répondis : — En êtes-vous bien sûr ? je vais descendre si vous le voulez, mais je vous en laisse toute la responsabilité.

Nous discutions depuis quelques minutes sur l'opportunité de la descente, lorsqu'une vive fusillade se fit entendre, Bilbaut crut que c'étaient des francs-tireurs. — S'il y a des francs-tireurs, lui dis-je, assurément l'ennemi est là, puisqu'on se bat, et descendre dans un moment pareil serait nous conduire à une perte certaine, sans profit pour notre pays qui nous a donné une mission que nous devons accomplir.

Nous continuâmes notre route. Nous marchions depuis une demi-heure, lorsque nous aperçûmes un fort avec trois tours, entourées de larges fossés remplis d'eau. Je crus reconnaître la citadelle de Mézières. Mais, dans l'ignorance de savoir si elle appartenait aux Prussiens, je continuai ma route avec l'intention d'aller atterrir dans une forêt que j'apercevais à quelque distance de là.

Ici, nouvelle déception. Au moment d'opérer notre mouvement de descente, nous distinguons à l'œil nu, à travers les éclaircies du bois, une voiture attelée d'un cheval blanc, que précédaient des masses compactes en mouvement, sans pouvoir cependant nous assurer de leur nationalité.

Mais, nous basant sur ce raisonnement que les Français ne marchent pas dans les bois, nous nous trouvions donc encore une fois dans la triste nécessité de poursuivre notre course ; je pensais me diriger vers la Belgique, où je pourrais descendre en toute sécurité. A ce moment, au milieu de mes réflexions, nous nous trouvons au-dessus d'un véritable désert de neiges, et des montagnes sans fin de la même matière, semblables en tous points aux glaciers de la Suisse, achevèrent complètement de me désorienter.

Descendre en ce moment serait-il prudent, et qui
sait si, sous ce linceul éclatant, nous n'irions pas à
coup sûr trouver nos ennemis? Il faudrait remonter.
Le pourrions-nous? Mon ballon surchargé percerait-il
la masse congelée pour atteindre l'altitude plus clé-
mente dans laquelle nous sommes, et où, du moins,
nous voguons en toute sécurité?

La pensée de cette terre bénie par tous les proscrits français, la Belgique, vint de nouveau me tirer
de ma perplexité, lorsque notre compagnon Bilbaut,
explorant l'espace avec une fiévreuse anxiété,
s'écria, ne pouvant contenir sa joie: « La terre! »

Il est dix heures; je descendais sans ouvrir ma
soupape; à cinquante mètres du sol, je coupe la fi-
celle qui retient les cordes d'ancre et guide-rope. A
peine ai-je touché la terre, que le ballon remonte
un peu. Deux paysans apparaissent, nous regardent
ébahis. Nous les appelons, mais à notre appel ils
s'enfuient à toutes jambes; ils paraissent effrayés, et
nous sommes confirmés dans cette idée par la réponse que nous fit le gouverneur de Coblenz lors de
notre instruction; *qu'ils croyaient voir une bête
descendre du ciel* (sic)La violence du vent était telle
qu'il nous porta sur le haut d'un ravin où le choc fut
si terrible que nous nous crûmes anéantis.

Nous étions brisés. Nos casquettes perdues. Le
sac qui contenait les dépêches du gouvernement
avait également disparu dans notre chute. Nous
sommes traînés, tournant, ballottant dans l'espace

pendant dix minutes jusqu'à la lisière d'un bois, près Chemnitz à cinq lieues de Brohl et douze lieues de Coblenz. Personne pour tenir les cordes. Pensant sortir d'une situation aussi périlleuse en jetant du lest, j'agis en conséquence et reprends un peu d'ascension.

Dans cet instant de nouveaux paysans apparaissent suivis de deux gardes forestiers. Où sommes-nous? leur demandai-je. — *Duché de Nassau*, me répondirent-ils, s'emparant des cordes qu'ils ne pouvaient tenir, n'étant pas en nombre.

Nous sommes de nouveau jetés sur la forêt, où nous nous attendions à chaque instant à une mort certaine.

La nacelle battait et brisait les branches d'arbres, lorsque Bilbaut, pour échapper au danger qui nous menace, se cramponne à une branche de chêne en sautant de la nacelle; mais il fut immédiatement saisi et fait prisonnier. A ce moment nos pigeons prirent leur vol sans que nous ayons pu leur attacher aucunes dépêches. Mais, ne m'arrêtant pas à cet incident et comprenant le péril qui nous menaçait, je saisis mon couteau et coupe mon guide-rope et la corde d'ancre.

Les gardes s'en aperçurent et m'envoyèrent deux coups de feu qui, par un rare bonheur, ne m'atteignirent pas. De son côté, Morel jeta un sac de lest et, pendant cette opération, essuya également deux coups de fusil du second garde, qui fut, grâce au ciel, aussi maladroit que le premier.

Et notre ballon, débarrassé de ses liens, malheureusement trop délesté, s'élança rapidement dans les airs, au grand désappointement de ceux qui croyaient déjà nous tenir. Nous espérions qu'ils nous emmènerait cette fois sur une terre plus hospitalière.

Nous avions atteint une telle hauteur par suite du départ de Bilbaut, la perte d'un sac de lest et de 80 kil. de cordes et d'ancre, que tout se dérobait à notre vue ; la terre ne nous apparaissait que comme un point noir dans l'horizon ; notre respiration devint pénible, nos oreilles bouillonnèrent sous la pression du sang que nous croyons sentir s'échapper de nous mêmes, tant la raréfection était grande Les veines du cou se gonflaient tellement que nous crûmes un moment être frappés d'apoplexie. L'engourdissement fut si grand que je m'en ressentis encore longtemps après ma descente. Pendant cette rapide et vertigineuse ascension, la dilatation fut si grande que le gaz s'échappait de l'appendice avec une force que je n'avais pas vue jusque-là.

Le ballon se remplit de nouveau reprenant sa forme primitive, et l'espoir nous revint; mais malheureusement pas pour longtemps, car après quelques instants d'équilibre, il accusa de nouveau son mouvement de descente. Je jetai ce qui me restait de lest; le ballon descendit toujours! Alors d'un coup de couteau j'ouvris le sac de la poste contenant les paquets de lettres que je jetai au vent. Rien n'y fait.

Nous touchons terre à 11 heures du matin au bord du bois de Sinn, près de Wetzlar. Morel saute à terre, entre sous bois pour l'explorer, rencontre un paysan et lui dit : «*Monaie-furth*; » celui-ci répondit : «*Monaie, ya ya furth.*» Pendant ce temps je m'empressai de couper les cordes de la nacelle au cercle du ballon, afin de simuler un nouveau départ qui pourrait tromper les paysans qui accouraient vers nous, et trouver le moyen de fuir à travers les bois. Mais notre espoir fut déçu, car à peine étions-nous atterris, que nous étions entourés et faits prisonniers de guerre.

Conduits chez le bourguemestre de Sinn, au milieu d'une population qui paraissait avide de nous voir, nous entendions distinctement s'échapper de la foule des cris que je crois pouvoir traduire ainsi : — « luft-ballon, luft-ballon ! » — On nous offrit du café, un pain et du beurre que nous acceptâmes, car depuis la veille nous n'avions rien pris ; les émotions que nous avions éprouvées nous avaient enlevé toutes nos forces.

Après une demi-heure de repos, nous partîmes pour comparaître devant le commandant de place, qui nous adressa deux ou trois questions et nous envoya presque tout de suite à Coblenz, où nous arrivions à dix heures du soir, précédant de quelques minutes Bilbaut fait prisonnier à Chemnitz. Nous passâmes la nuit dans un poste sous bonne garde, et le 16 au matin on nous conduisit chez le comman-

8

dant, où nous fûmes reçus par son état-major qui
nous dit ces gracieuses paroles: *Canailles de Parisiens, vous allez le payer* — (*sic*), fit un procès-
verbal d'écrou et nous dirigea sur la prison militaire. . . .

Il est quatre heures du soir; on vint nous prendre
pour nous conduire chez le gouverneur, où notre
instruction commença. Bilbaut fut interrogé le premier, étant désigné comme le domestique de Morel.

Vint mon tour.

— Comment vous nomme-t-on? — Delamarne,
etc., etc. — A quelle heure avez-vous quitté Paris?
— A quelle heure êtes-vous descendu à Sinn? —
Vous avez traversé nos lignes? — Vous savez où
cela conduit? Pourquoi l'avez-vous fait? — Pour le
service de mon pays. — Vous aviez deux sacs de
dépêches. Les reconnaissez-vous? Oui. — N'en avez-
vous pas d'autres? Dites-le, ne cherchez pas à nier,
car nous saurons la vérité. — Quelles étaient vos
intentions en donnant la volée à vos pigeons? —
Combien en aviez-vous? Vous leur avez mis quelques
dépêches avant de les faire partir? — Voilà un sac,
pourquoi est-il coupé? Vous l'avez fait pour anéantir les dépêches? — Vous devez, du reste, reconnaître ces morceaux de papier déchirés. Est-ce vous
ou vos compagnons qui l'avez fait? — Ce sac de
nuit et ces instruments sont-ils à vous? — Vous
n'avez rien à ajouter pour votre défense? — Rien.

Là se termina mon interrogatoire. On procéda

à celui de Morel, qui subit, à quelque chose près, le même questionnaire. De là nous fûmes conduits à la prison militaire et mis au secret, où nous restâmes jusqu'au samedi 7 janvier. La veille au soir, deux officiers supérieurs entrent dans notre chambre, et s'adressant à moi: — M. Delamarne, tenez-vous prêt pour deux heures du matin, vous êtes demandé au quartier général de Versailles. — Mais, messieurs, et mes deux compagnons? — Ils partiront demain à neuf heures, pour Ehrenbreitstein....

Le lendemain, à neuf heures du matin, nous nous serrons la main. Mes deux compagnons partent pour la forteresse, et moi, à onze heures, pour Versailles. Au buffet de Coblenz, le commandant me dit: — Monsieur, je recommande à vos gardes d'avoir pour vous tous les égards possibles; mais si vous tentez de fuir, ils ont ordre de vous tuer. — Sur un signe du commandant ils chargèrent leurs armes, et ne me quittèrent pas des yeux.... »

Ne pouvant tout citer, nous laissons de côté les détails du voyage de Coblenz à Versailles, et nous reprenons le récit de M. Delamarne après son arrivée dans cette ville :

« Le mercredi, 11 janvier, à huit heures du matin: « Levez-vous, me dit-on, le général vous fait demander. « Je subis le même interrogatoire, à quelque chose près, que celui que j'ai relaté plus haut avec le gouverneur de Coblenz. — Le prince royal, qui était présent, assisté de Manteuffel, me témoigna ce même accueil de sympathie qui, selon moi, est trop affecté.... Vendredi, 13 janvier, à 8 heures du soir, on me fit monter en voiture avec un officier et un garde : « Pour Saint-Germain, » cria-t-on au cocher. Nous arrivons à Beauregard, de là à Marly, où nous laissons la voiture au bas de la côte.

Le commandant de cette place m'accompagna à pied, avec l'officier et le garde, qui ne m'avaient pas quitté depuis Versailles. Après avoir monté et descendu les bois de Marly, nous gagnâmes ceux de la Celle-Saint-Cloud, que nous franchîmes au travers d'un épais brouillard qui ne permettait pas de distinguer les objets à cent pas devant soi. L'idée de fuir me revint de nouveau. Tout ce que j'avais vu pouvait profiter à mon pays ; si je pouvais gagner, à la faveur du brouillard, les avant-postes français, j'étais sauvé. J'aimais mieux périr d'une balle en me sauvant, que d'aller finir lâchement assassiné par ces bandits d'un nouveau genre.

Je pris ma détermination en rassemblant tout mon courage, et je glissai de leurs mains sans qu'ils eussent le temps de décrocher leurs revolvers. Je courus dans les bois sans savoir où, craignant à chaque instant de tomber dans un de leurs postes ; mais une bombe française vint tomber à quelques pas de moi, sans me blesser, et m'indiqua ma direction. Je repris ma course, me guidant sur le bruit de l'obusier, lorsque, sortant du bois, mes pieds s'embarrassèrent dans les fils de fer que tendent les

Prussiens la nuit, afin de ne pas être surpris. Ma chute me fit essuyer une décharge ennemie, j'entendais les pas qui accouraient vers moi; je m'élance de nouveau à travers la plaine, lorsque j'entendis ce cri qui bourdonne encore à mon oreille : « Qui vive! halte-là! » J'eus à peine la force d'appeler : « A moi! au secours! je suis sauvé! » et là, haletant, épuisé par tant d'émotions, je tombai presque anéanti.

On me releva et je fus conduit au premier poste français, où l'on me fit boire un verre de vin chaud sucré, qui me ranima. Je fus conduit devant M. Bertelot de la Flittais, lieutenant au 28e mobile qui, à son tour, me dirigea sur le Mont-Valérien, il fit charger les armes et me dit: « Monsieur, je regrette, mais faites attention et marchons chez le général. » Il me remit à l'officier de service, avec les mêmes recommandations, mais celui-ci fut pour moi plein d'égards et de prévenances, et le lendemain samedi, 14, à 8 heures du matin, je parus devant le général Noël.

Après quelques questions, il télégraphia au gouverneur de Paris, devant lequel je fus amené, à midi, accompagné du baron de la Guère, capitaine au 28e bataillon de la Loire-Inférieure (une poigne d'acier), qui se promettait de m'étrangler si je l'avais quitté sans permission. Mais, Dieu merci, je n'avais plus affaire aux Prussiens, et je ne puis que rendre hommage, en ce moment, à tous nos officiers devant lesquels je suis passé pour la vigilance de leur service.

Enfin j'étais libre ! après trente jours de captivité.... Delamarne.»

Quelques faits étonneront sans doute le lecteur dans le récit qui précède. C'est d'abord que l'aéronaute n'ait pas cru devoir descendre près de Mézières, qu'il lui semblait reconnaître ; ensuite que voyant des soldats marcher dans les bois, il en ait conclu que ce devait être l'ennemi, par cette raison bizarre que les Français *ne marchent jamais dans les bois* ; enfin, qu'apercevant des champs de neige et des montagnes glacées, il ait craint de rencontrer l'ennemi « sous ce linceul éclatant. »

Mais il faut bien se dire qu'à 1,500 mètres au-dessus du sol on ne doit pas pouvoir raisonner aussi froidement que sur terre, et que d'ailleurs on ne s'expose pas volontiers à subir les traitements que M. Delamarne vient de nous dépeindre.

Ces observations faites, nous continuons la série des ballons de décembre.

Le *Parmentier* et le *Gutenberg* partirent tous deux de la gare d'Orléans, le 17 décembre à 1 h. 1|4 et à 1 h. 1|2 du matin. Le premier portait le matelot Louis Paul, un franc-tireur et M. Desdouet.

Le second, dirigé par le matelot Perruchon, enlevait MM. d'Almeida, Lévy, photographes, et Louisy, secrétaire de Jules Favre.

Les deux aérostats atterrirent avec succès près

de Silly, non loin d'Argentan. On n'avait pas encore reçu à Paris les dépêches microscopiques de M. Dagron (les mauvais temps ayant arrêté les pigeons messagers), c'est par ce motif qu'on expédiait de nouveaux photographes, dans la crainte que M. Dagron ne fut pas arrivé.

Le départ suivant fut celui du *Davy*, qui ne cubait que 1200 mètres. Bien que l'appréciation des aéronautes qui montèrent le *Davy*, sur les divers pays qu'ils parcoururent, nous paraisse un peu hypothétique, nous la reproduisons mais sous toutes réserves :

« Le 18 décembre, à 11 heures, au moment où allait s'engager le combat de Nuits, un ballon venant du nord apparaissait au-dessus des montagnes de la côte Nuitonne et descendait rapidement pour atterrir, traversant au-dessus des lignes prussiennes, justement près de Gevrey. Quelques soldats bavarois se mirent à sa poursuite ; ils coururent si bien et si fort que l'un d'eux, essoufflé et n'en pouvant plus, fut pris par les paysans et emmené prissonnier à Beaune avec les aéronautes.

Parti de Paris, le dimanche, 18 décembre à 5 heures du matin, le ballon *Davy*, monté par MM. Chaumont aéronaute, élève de Godard, et le colonel Gérard des francs-tireurs de la Seine ou, selon d'autres, M. Deschamps, capitaine de francs-tireurs, fut rapidement porté sur Dunkerque. A 6 heures, la Manche était reconnue par les aéronautes, lorsqu'à ce moment un fort courant de l'ouest les rejeta au-dessus de la Belgique, puis de l'Allemagne, et vers huit heures ils étaient au-dessus du Rhin, croyaient-ils : le vent se mit bientôt au nord, les ramena vers la France et la vallée du Rhin tout entière resta sous leurs yeux jusqu'à 10 heures.

Un peu plus tard les nuages se dissipèrent, et la Saône débordée leur apparut. Ils la prirent encore pour le Rhin, mais néanmoins ils résolurent d'atterrir, et commencèrent à ouvrir la soupape. La descente fut rapide ; les aéronautes évaluent la chute à 800 m. pour la première seconde ; à onze heures, ils jetaient l'ancre au-dessus de Fussey, village situé dans la montagne près de Nuits. Le grappin ne ne prit pas solidement et le guide-rope fut développé à son tour, mais sans plus de succès. Le ballon et surtout la nacelle heurtaient violemment le sol... »

Les aéronautes ne parvinrent à terre qu'après d'émouvantes péripéties.

Le *général Chanzy* partit le 20 décembre, de la gare du Nord à 2 heures et demie du matin. Il contenait, outre l'aéronaute Verreck, MM. de Lépinay, Julliac et Joufryon. Le lieu de l'atterrissement n'est pas connu.

Le gouverneur de Paris ayant jugé nécessaire de se mettre en communication avec le général Chanzy, pour la suite des opérations militaires, choisit pour cette mission le capitaine d'état-major de Boisdeffre, précédemment aide-de-camp du général Chanzy, et attaché alors à l'état-major du général Vinoy.

En conséquence, le 22 décembre à 2 heures du matin, par un froid des plus rigoureux, le voyageur s'embarquait à la gare d'Orléans, dans la nacelle du *Lavoisier*, avec le jeune et brave marin Ledret qui montait aussi en ballon pour la première fois.

Le directeur-général des postes avait prévenu les voyageurs que le vent, soufflant du N.-O., pousserait l'aérostat dans la direction de Tours et Bordeaux, avec une vitesse de 12 à 15 lieues à l'heure.

Le *Lavoisier* emportait quatre pigeons et des dépêches de l'administration des postes ; un baromètre anéroïde complétait le bagage.

L'ascension se fit lentement : il fallut jeter du lest pour atteindre une hauteur de 900 mètres, suffisante pendant la nuit pour traverser les lignes prussiennes, et à laquelle se maintinrent les voyageurs jusqu'au soleil levant.

A ce moment, la dilatation du gaz fit élever très-rapidement le ballon jusqu'à 1500 mètres. On lâcha du gaz pour redescendre un peu.

Au dessous des voyageurs, s'étendaient des nuages à perte de vue, présentant l'aspect d'une mer immense dont les vagues agitées semblaient avoir été congelées subitement.

A neuf heures du matin, le capitaine de Boisdeffre, calculant que, d'après une vitesse de marche de douze lieues à l'heure, il devait se trouver hors des

lignes ennemies, fit lâcher du gaz pour se rappro-
cher de terre et se rendre compte de la situation.

Il descendit assez pour héler les habitants et
apprendre d'eux qu'il arrivait à Beaufort (Maine-et-
Loire) pays libre. Il se décida alors à tenter la descente, bien que la région fût coupée de haies et
d'arbres, ce qui la rendait particulièrement difficile
et dangereuse.

La première ancre jetée ayant violemment heurté
contre un arbre, la nacelle se trouva lancée contre
un autre arbre par l'effet du contre-coup. Le capitaine de Boisdeffre fut frappé à la tête par une branche et les voyageurs furent rejetés, étourdis, au
fond de la nacelle où ils furent ballottés avec force,
jusqu'à ce que le ballon, rencontrant les branches
d'un gros arbre, se déchirât et s'affaissât tout à coup.
Les cordes se rompirent, la nacelle se renversa, et
les voyageurs se retrouvèrent sains et saufs, bien
qu'assez sérieusement contusionnés.

Les habitants de Beaufort, accourus, se montrè-
rent pleins de soins et d'attentions. Le capitaine de
Boisdeffre put, après quelques heures de repos, se
mettre en route pour le Mans où il arriva le soir
même auprès du général Chanzy qu'il avait quitté
quatre mois auparavant.

La *Délivrance* (aéronaute Gauchet et M. Reboul,
passager), suivit de près le départ du *Lavoisier*.
Parti de la gare du Nord le 23 décembre à trois heures et demie du matin, la *Délivrance* fit une heu-

reuse traversée. M. Reboul portait un grand nombre de petits globules en verre dont nous reparlerons plus loin, (voir notre septième chapitre).

Le *Tourville*, lancé le 27 et tombé à Eymoutiers (Haute-Vienne), portait MM. Miége et Delalen et le matelot Moutet qui parvint à rentrer à pied à Paris.

Le *Bayard*, descendu à La Mothe-Achard (Vendée) le 29 décembre, contenait avec l'aéronaute Réginensi, M. Ducoux, ancien préfet de police. L'aéronaute parvint aussi à regagner Paris.

L'*Armée de la Loire*, monté par l'aéronaute Lemoine fils, et atterri à Montbizot, près Le Mans, le 31 décembre, ne portait pas d'autres voyageurs, mais un très-grand nombre de lettres.

VI

Les ballons de janvier 1871.—Jupiter pris pour un ballon.— In-
succès du *Newton* et du *Duquesne*, ce dernier muni de deux
hélices. — Le *Général Bourbaki* échoué près de La Rochelle. — Descentes à Libourne, à Lille et en Hollande. —
Aventures des quatre derniers aérostats. — Dépêches sur le
ballon du 27 janvier et sa disparition en mer.

Les imaginations étaient surexcitées par les récits
des voyageurs aériens. Chacun voulait voir un ballon. Aussi vers le mois de janvier, les habitants de
Mont-de-Marsan et des environs apercevant une
lueur vaporeuse à l'horizon, affirmèrent qu'un aérostat était en vue. Vérification faite, on reconnut
que cette clarté était due à la belle planète Jupiter.
à demi voilée par la brume.

Le *Newton*, qui partit de Paris le 4 janvier à quatre heures du matin, tomba le même jour dans les
lignes prussiennes. Les dépêches (95 kilog.) furent
enfouies, et les aéronautes ne durent leur salut
qu'au brouillard épais qui leur permit de s'enfuir
sans être atteints jusqu'à Mortagne. C'étaient MM.
Aimé Ours et Brousseau.

Le *Duquesne*, lancé le 9 janvier à trois heures du
matin, de la gare d'Orléans, était muni de deux hélices, construites par l'ordre de M. Dorian, ministre

des travaux publics, d'après les plans de M. l'amiral Labrousse. On espérait, par ce moyen, diriger le *Duquesne*. On démontra théoriquement, dans la séance du 9 janvier, à l'académie des sciences, que ce ballon pouvait être dirigé. On annonça que le *Duquesne* irait descendre vers Besançon ou en Suisse. Malheureusement la pratique vint *jeter un froid* sur la théorie, et le *Duquesne* échoua près de Reims, en pleines lignes prussiennes. Toutefois les dépêches purent être sauvées (100 kilos) et arrivèrent tardivement à Bordeaux. Ce ballon portait le quartier-maître Richard et trois matelots pour aider à la manœuvre des hélices. Les marins se nommaient Chemin, Lallemagne et Aymond.

Le *Gambetta*, parti le 10 janvier de la gare du Nord, à trois heures et demie du matin, apporta à la province, avant le *Duquesne*, la nouvelle du sauvage bombardement de l'intérieur de Paris par les canons Krupp. Il portait l'aéronaute Duvivier et M. Lefèbure de Fourcy, trois pigeons, 22 kilog. de lettres et 218 kilog. de matériel. La descente eut lieu près de Clamecy (Nièvre).

Le *Képler* (aéronaute Roux), vint atterrir près de Laval le 11 janvier. Il avait quitté la gare d'Orléans à trois heures et demie du matin et portait en outre M. Dupuy, trois pigeons, 25 kilog. de lettres et 135 kilog. de matériel.

Le *Général Faidherbe* est, de tous les ballons, celui que les vents portèrent le plus près du but ; il prit terre près de Libourne, à quelques lieues de Bordeaux, le 13 janvier. Ce ballon contenait l'aéronaute Van-Seymortier et M. Hurel avec des chiens *de bouvier*, qui devaient rapporter des lettres à Paris, mais qui furent pris par l'ennemi.

En même temps partait le *Monge*, ballon privé, dirigé par le marin Raoul, emportant M. Grigné et un autre passager.

Le *Vaucanson*, parti le 16 janvier à une heure du matin, vint tomber dans le Nord, aux environs de Lille. Dirigé par le matelot Clariot, ce ballon portait MM. Valade et Delente, inventeur d'un bateau sous-marin, dont il sera question au chapitre VII.

La *Poste de Paris*, lancé le 18, suivit à peu près la même direction, et tomba en Hollande, ou, selon d'autres, près de Calais. L'aéronaute était M. Turbiaux et conduisait MM. Clairet et Cavaillon.

Le *Général Bourbaki* partit de la gare du Nord le 20 janvier à cinq heures du matin, monté par l'aéronaute Théodore Mangin et M. Boisanfrey, passager; nous n'avons pu recueillir aucun renseignement certain sur le sort de ces voyageurs. Mais des informations, que nous recevons au moment de mettre sous presse, semblent établir que ce ballon aurait fait naufrage aux environs de La Rochelle. Les sacs de dépêches viennent d'être retrouvés en mer près de cette ville, ainsi que le cadavre d'un des aéronautes. Il est possible toutefois que cette découverte, faite au mois d'avril, se rapporte au ballon du 27 janvier, disparu en vue d'Arcachon, et observé dans la Charente peu avant sa chute en mer, (voir page 129).

Les quatre derniers ballons du siége furent: le *Général Daumesnil*, le *Torricelli*, le *Richard Wallace* et le *Général Cambronne*.

Les aéronautes, sauf celui du *Richard-Wallace*, arrivèrent à Bordeaux le mardi 31 janvier, précédés de plusieurs jours par les dépêches qu'ils avaient apportées de Paris.

Si jamais ballons furent attendus avec impatience et reçus avec tristesse, à coup sûr ce sont eux. Ils ont appris, à la France hélas! les derniers efforts de Paris, les dernières convulsions d'une cité de deux millions d'hommes, étouffant sous l'étreinte de l'ennemi, dans les angoisses suprêmes de la faim.

Le ballon du 22 janvier, le *Général Daumesnil*, avait pour patron cet héroïque *Jambe-de-Bois*, qui fit, en 1814, la fière réponse que voici aux sommations du général prussien : « Je rendrai le fort (Vincennes) quand vous me rendrez ma jambe! »

Celui du 24 était le *Torricelli*. Celui du 27, le *Richard-Wallace* (aéronaute Emile Lacaze).

Le dernier, enfin, qui s'éleva, à six heures du matin, le 28, portait le nom de *Cambronne*, comme si, au moment de succomber, épuisé, affamé, mais non vaincu, Paris avait voulu jeter aux Prussiens le mot énergique qui fut, pour la vieille garde, et restera, pour la postérité, le plus expressif des mots de la fin.

M. Robin, du *Général Daumesnil*, dut opérer une descente périlleuse en Belgique et fut reçu à Lille par M. Gambetta.

M. Bely, du *Torricelli*, vint atterrir dans l'Oise en pleines lignes prussiennes ; il traversa avec toutes ses dépêches et trois pigeons vingt-cinq lieues de territoire occupé. Ce n'est qu'au bout de six jours qu'il put remettre le tout en sûreté à Blangy (Seine-Inférieure) et à Abbeville (Somme).

Les lettres venant de Paris par ballon ne portaient presque jamais d'autres timbres que celui du départ et celui d'arrivée. Cependant il eut été intéressant pour le destinataire d'avoir des preuves palpables des circuits qu'avait dû faire sa correspondance, et de connaître le nom du bureau qui l'avait recueillie à l'arrivée du ballon.

M. Tristan subit les mêmes mésaventures avec le *Cambronne*. Il partit de la gare de l'Est, et le changement d'atelier était urgent : deux heures après, l'atelier des ballons de la gare d'Orléans s'écroulait en partie sous les obus. Echoué dans un village de la Sarthe, qui venait d'être visité et réquisitionné par l'ennemi, il eut beaucoup de peine à se frayer un passage jusqu'au général Jaurès. Les paysans l'aidèrent et lui procurèrent un déguisement.

Ainsi fut close cette série nombreuse de ballons qui commença au 23 septembre 1870 et finit au 28 janvier 1871. Quatre mois durant ils ont apporté à la province des nouvelles des parents, des amis as-

siégés. Les hommes dévoués, intrépides, qui les ont
dirigés, ont droit à notre reconnaissance. Une men-
tion spéciale est due au personnel des ateliers de
ballons, composé de 120 femmes (pour la gare d'Orléans), 20 douaniers qui aidaient au séchage, au
vernissage, et surtout au gonflement des aérostats,
et enfin 30 marins, sans cesse remplacés, à mesure
qu'ils s'élevaient dans les airs, et formant une véritable école aéronautique. Ils étaient choisis parmi
les plus courageux et les plus intelligents des dé-
pôts des forts.

Pourquoi faut-il qu'à la suite de tant de voyages
aériens couronnés de succès, nous ayons à enregis-
trer un naufrage presque certain ?

Nous voudrions encore espérer que le matelot qui
a cru voir tomber à la mer le *Richard-Wallace* s'est
trompé, ou qu'un navire aura pu recueillir à temps
l'aéronaute Emile Lacaze. Mais les dépêches et le
cadavre retrouvés à la Rochelle ne laissent malheureusement de doute que sur l'identité de l'aéronaute submergé.

Quoi qu'il en soit, voici, contenu dans sept dépêches, tout ce que l'on sait de ce ballon naufragé.

Thessé à Bordeaux, 27 janvier.

« Un ballon paraissant monté et dirigé par vent
nord-est passé ce matin, à 9 heures, sur Montrichard.

Châtellerault, 27, 10 h. 50.

« Ballon a passé au-dessus de Châtellerault, à dix

9

heures du matin, se dirigeant vers le sud ; me paraissait très élevé mais, d'après quelques personnes, il aurait jeté du lest.

Niort, 27, 12 h. 5 m.

« Ballon passé à Parthenay, a voulu atterrir, n'a pas pu ; se dirige sur Beauvoir.

Rochefort, 12 h. 45 m.

« Un ballon monté se dirigeant vers le S.-O., est en vue de Rochefort.

Tonnay-Charente, 1 h. 30 m.

« Ballon passé 1 h. 15 m., se dirigeant sur S.-O., d'après le compas.

Saint Prétet (Saintes, 28 janvier, 5 h. 30 m. soir.)

« Il me paraît impossible que le ballon vu à Rochefort soit allé se perdre dans l'Océan, s'il était monté, car à Rochefort il a été poussé par des vents venant de la mer sur Tonnay-Charente, Port-l'Abbé, Brives, et enfin hier soir à la nuit il paraissait se diriger sur Barbezieux ; à ce moment-là aucune cause explicable n'aurait pu l'empêcher d'atterrir.

Commissaire Marine.

La Rochelle 29 janvier, 2 h. 14 m. s.

« Un patron de chaloupe, rentré aujourd'hui, à la Rochelle, a vu tomber à la mer, vendredi dernier

27 janvier à deux heures, par le travers d'Arcachon
un ballon qui a disparu aussitôt.»

Il est probable que la corde de la soupape se sera
rompue et que l'infortuné Lacaze n'aura pu monter
assez rapidement pour lacérer le ballon et opérer à
temps sa descente.

Le *Moniteur*, pensant que le ballon naufragé s'appelait *l'Union des peuples*, fit les réflexions suivantes :

« Ironie du sort qui nous frappe partout, dans nos
plans, dans nos actes, et nous poursuit jusque dans
les mot. L'union des peuples est, et restera, le vœu
le plus ardent, le but le plus cher de tout ami sincère
du progrès. Ne nous arrêtons pas à de funestes mais
vains présages ; ne croyons pas qu'une idée juste,
grande et généreuse puisse, sous les efforts d'ennemis ambitieux et perfides, disparaitre et s'anéantir,
comme on voit tomber à la mer et pour toujours s'y
engloutir, un ballon inerte, triste jouet des vents
contraires.»

Nous croyons devoir compléter notre travail par
un chapitre spécial sur les moyens employés ou tentés pour faire pénétrer des correspondances de la
province dans Paris. Il est vraiment intéressant de
passer en revue toutes les ingénicuses combinaisons
que provoquèrent les difficultées créées par l'investissement de Paris.

VII.

Correspondances de la province avec Paris. — Emploi des pigeons-voyageurs. — Application de la photographie microscopique par le chimiste Barreswill. — Perfectionnements de M. Dagron. — Tentatives par piétons, par ballons dirigeables, par montgolfières, par boules flottantes, (voie de Moulins), — Idée de la lumière électrique, d'un câble aérien. — Projets de MM. Nadié, Baylard, Delente et autres. — Essais par des chiens de bouvier. — L'art et la poésie célébrant les ballons et les pigeons. — Le salut de la France.

Les ballons, comme on vient de le voir, avaient établi une correspondance à peu près régulière de Paris à la province; mais pour correspondre des départements avec Paris, les difficultés étaient bien plus grandes. Les directeurs des postes et télégraphes, MM. Rampont et Mercadier à Paris, M. Steenackers en province, utilisèrent à cet effet le merveilleux instinct des pigeons-voyageurs. Chaque ballon apportait de Paris un certain nombre de pigeons. Puis on lâchait de province ces gracieux animaux, munis de dépêches légères et d'un très-petit volume qu'on attachait aux plumes de leur queue.

Ceux qui échappaient aux oiseaux de proie et aux balles prussiennes venaient rejoindre leur colombier de Paris où on les dépouillait de leur précieux message. Mais, avec les procédés d'écriture ordinaires, chaque messager ailé ne pouvait porter qu'un petit nombre de phrases. Comment faire pour transmettre des documents d'une certaine longueur et surtout pour envoyer de nombreuses dépêches particulières aux familles? La question se posait ainsi au mois d'octobre.

C'est alors que l'éminent chimiste Barreswill eut l'heureuse idée de faire photographier microscopiquement à Tours le *Moniteur* et les dépêches privées. Il en fit les premiers essais vers le 15 octobre et mourut six semaines après; mais le nom de Barreswill restera dans le souvenir des familles auxquelles il aura épargné la famine des nouvelles. (1)

C'est pour travailler à ces reproductions microscopiques qu'on avait demandé à Paris d'envoyer l'habile photographe Dagron et ses appareils perfectionnés dont nous avons parlé plus haut, en relatant le voyage du *Niepce*.

Grâce à l'ingénieuse application imaginée par Barreswill, chaque pigeon put porter d'abord environ 250 dépêches (produisant près de 36,000 francs à l'Etat), et plus tard bien davantage.

La taxe, primitivement fixée à 50 centimes par

(1) Né à Versailles en 1817, ce savant qui fut collaborateur de M. Pelouze, et publia avec M. Davanne, en 1854, la *chimie photographique* et en 1864, le *Dictionnaire de chimie industrielle* avec M. Wurtz, était un homme de bien, dans le sens le plus large de ce mot.

mots (le maximum étant de vingt mots), fut rédui-
te à 20 centimes par mot le 8 janvier 1871. Mais
bien peu de télégrammes postérieurs à cette date
sont parvenus à destination en temps utile.

Tous les télégrammes de province étaient centra-
lisés au siége de la délégation, puis on les typogra-
phiait en leur donnant la forme des colonnes d'un
journal, et on tirait une épreuve microscopique de
ce journal.

Un petit carré de papier de 4 centimètres sur 3
pouvait contenir plus de 250 dépêches.

Voici la dimension exacte et l'aspect des papiers
confiés à chaque pigeon. 5,000 dépêches furent
ainsi photographiées par M. Blaise, de Tours, et M.
Lafollye, inspecteur des télégraphes.

SERVICE
Des dépêches par pigeons-voyageurs.
Steenackers à Mercadier,
103, rue de Grenelle.
. . . .
. . . .
. . . .
. . . .
. . . .
. . . .

Les dépêches étaient transcrites à la suite les unes
des autres, sans blancs ni interlignes, dans les colonnes figurées par des points dans notre tableau.

Puis les carrés de papier étaient roulés et placés
dans un tuyau de plume lié longitudinalement à
une plume de la queue du pigeon par trois fils.

Arrivées à Paris, les dépêches étaient lues à l'aide d'un microscope, puis transcrites et expédiées aux destinataires.

Les premiers pigeons réussirent souvent à regagner Paris; mais depuis la translation de la délégation à Bordeaux, très-peu de pigeons arrivèrent à destination, sans doute à cause du mauvais temps et de la neige. On les portait cependant au point le plus rapproché de Paris qu'il était possible. Plusieurs furent lancés de Blois. Du 14 décembre au 8 janvier, pas un pigeon n'arriva à Paris. Se figure-t-on Paris sans nouvelles de la province pendant trois longues semaines? Aussi quel accueil fut fait au pigeon du 8 janvier ! On assura qu'il avait apporté 30,000 dépêches.

Ce chiffre, qui parait fabuleux au premier abord, s'explique quand on connait à quel point extrême M. Dagron avait réduit la dimension des dépêches microscopiques. Il était parvenu à reproduire, sur une pellicule de collodion de 3 ou quatre centimètres de côté, 144 petits carrés contenant 1600 dépêches. Or la légèreté des pellicules permit d'en confier jusqu'à 20 à un seul pigeon; 20 fois 1600 font 32,000; on voit donc que le nombre de 30,000 dépêches portées par un seul pigeon, n'a rien d'exagéré.

Pour augmenter les chances de succès, les dépêches étaient généralement tirées à 30 ou 40 exemplaires, et confiées à un nombre égal de pigeons portant chacun un exemplaire.

Aussitôt qu'un pigeon était recueilli à Paris, M. Mercadier fendait le tube à l'aide d'un canif, et les pellicules étaient placés dans une petite cuvette remplie d'eau avec quelques gouttes d'amoniaque, ce qui les faisait se dérouler rapidement ; puis on les séchait, on les plaçait entre deux verres et on les portait sous de puissants microscopes, véritables lanternes magiques, éclairées par l'électricité, qui projetaient l'image agrandie sur un écran.

La lecture était lente, même avec 4 ou 5 microscopes ; en outre, il fallait mettre à part certaines dépêches qui ne devaient être lues que par le directeur.

Pour diminuer les chances d'erreur, on imagina de reproduire par la photographie les images agrandies elles-mêmes. Ces photographies étaient obtenues au moyen d'un foyer de lumière électrique produit par l'emploi de puissantes piles de Bunsen.

Selon M. Nadié, environ 95,000 dépêches auraient été transmises de province à Paris par les procédés de M. Dagron. Au dire de M. Poisot, beau-frère de M. Dagron, il serait arrivé à Paris environ 60,000 dépêches, sur 150,000 qui furent photographiées.

Après l'idée des pigeons-voyageurs, celle qui se présenta la première, pour faire parvenir des correspondances à Paris, fut l'idée des ballons dirigeables.

Les frères Tissandier firent de nombreuses tentatives au mois de novembre, aux environs de Rouen, et finirent par renoncer à ce projet, après avoir vainement cherché un courant favorable.

D'autres essais, également infructueux, eurent lieu en janvier aux environs de Boulogne. Puis vinrent les *montgolfières* ou ballons à air chaud, qu'on espérait pouvoir faire revenir à Paris, en variant successivement la hauteur, jusqu'à ce qu'on trouvât un courant d'air opportun. La montgolfière avait sur le ballon à gaz hydrogène l'avantage de pouvoir se maintenir beaucoup plus longtemps dans l'atmosphère. Une compagnie avait été autorisée à percevoir certains tarifs pour ces tentatives, qui n'eurent aucun résultat utile au public.

Jusque-là on n'avait cherché qu'à utiliser les courants d'air, mais non à les vaincre ni à louvoyer. On essaya de le faire le 9 janvier avec le ballon le *Duquesne* muni de deux hélices dont nous avons fait plus haut la description. L'atterrissement près de Reims démontra que le problème n'était pas résolu.

Un moyen de communication qu'on aurait dû essayer dès les premiers jours du siége, c'est la lumière électrique, rendue encore plus puissante au moyen de phares à échelons. Le savant abbé Moigno pense qu'une pareille lumière, établie à Montmartre, par exemple, aurait été visible au-delà des lignes prussiennes. Dès lors, au moyen d'intermittences variées, on serait arrivé à composer un alphabet conventionnel. Mais il y aurait toujours eu une grande difficulté pour établir, en province, et à l'abri de l'ennemi, un phare pouvant transmettre sa lumière à Paris. C'est là, croyons-nous, la pierre d'achoppement de ce système, en ce qui concerne les transmissions de la province pour Paris.

Décrivons maintenant, d'après les renseignements donnés par M. Nadié, tous les autres essais tentés pour faire entrer des lettres à Paris pendant le siége.

Sur 85 piétons de l'administration des postes qui tentèrent l'aller et le retour, bien peu réussirent. Le 24 septembre, Gême parvint à remettre ses dépêches à St-Germain et à rentrer à Paris le 25. Deux de ses camarades furent faits prisonniers. Vers la même époque, le piéton Létoile avait pu parvenir jusqu'à Évreux et en avait rapporté 150 lettres, en risquant sa vie à l'aller et au retour.

Le 27, Brare et Gême furent assez heureux pour arriver à Triel et pour en revenir le 28 avec des lettres pour Paris.

Le 5 octobre, Loyet et Chourrier rentrèrent à Paris avec 714 dépêches livrées par le bureau de Triel.

Brare parvint plus tard à Tours, après s'être évadé des geoles prussiennes.

16 autres furent encore envoyés dans le mois d'octobre, parmi lesquels, Ayrolles qui fut jeté dans un cachot et très-maltraité.

Ces braves employés essayaient tous les moyens imaginables pour cacher leurs missives ; quelques-uns eurent le courage d'insinuer des dépêches chiffrées sous leur épiderme incisé ; d'autres évidaient

des pièces de 10 centimes ou foraient des clefs pour
y introduire les dépêches.

L'artifice employé par les nègres pour dissimuler
les diamants volés ne put être appliqué ; car les
Allemands ne manquaient pas d'administrer aux
suspects un purgatif énergique.

Chacun s'ingéniait à trouver des moyens nouveaux. L'idée de MM. Boutonnet et Brichet a dû
certainement venir à l'esprit de bien des chercheurs.
C'était de fixer deux ballons captifs, l'un à Paris,
l'autre en dehors des lignes prussiennes ; ces ballons auraient supporté un fil électrique se reliant de
chaque côté à des appareils télégraphiques ordinaires. Peut-être ce projet aurait-il été exécutable si
l'on avait tenté de soutenir de distance en distance
le fil électrique, au moyen de très-petits ballons à
gaz hydrogène, afin d'empêcher ce fil de 30 lieues
de longueur de trainer à terre. Sans doute il eut
fallu un fil extrêmement solide, pour résister à l'action des courants d'air sur les petits ballons-tuteurs.
Néanmoins nous regrettons que ce moyen n'ait pas
été essayé. On a sans doute reculé devant la grande
dépense qu'eût nécessitée un pareil cable aérien.

Nous avons déjà parlé des essais infructueux pour
diriger les ballons ou les montgolfières.

Le mois de décembre vit éclore le projet de communication par flotteurs entre deux eaux. MM. Ver-
soven Delort et E. Robert avaient inventé des sphè-
res de zinc de 25 centimètres de diamètre, garnies

d'ailettes, qui devaient suivre le courant de la
Seine et apporter les lettres expédiées par Moulins.

800 de ces lettres arrivèrent, mais après l'armistice, alors que les Allemands avaient relâché la sur-
veillance qu'ils avaient établie au moyen de filets.

M. Nadié avait inventé une nacelle microscopique
en caoutchouc, lestée de grenaille de plomb, et
remplie de gaz hydrogène. Sa petite dimension lui
permettait de franchir les mailles des filets ennemis,
mais les barrages nombreux qui coupent la Seine
et ses affluents empêchèrent le succès de ce système.

Une invention fort ingénieuse avait été découverte par M. Baylard, commis à l'Hôtel-de-Ville. Elle
était aussi simple qu'économique. Pour 15 centimes,
on obtenait une centaine de petites boules de verre
soufflé, creuses et terminées à la base par un petit
orifice où s'introduisait la dépêche. Jetées dans une
rivière, ces boules imitaient si merveilleusement
les bulles d'eau naturelle qu'il devenait impossible
de les distinguer, quand ont les remuait dans l'eau
et qu'on cherchait à les saisir. Leur transparence
leur donnait le reflet même de l'eau dans laquelle
elles étaient plongées. Elles glissaient facilement le
long des roseaux, franchissaient, sans se briser,
les petits ressauts des barrages, et traversaient les
mailles des filets prussiens.

M. Reboul avait emporté un grand nombre de ces
globules dans le ballon la *Délivrance*, et ces petits

messagers flottants allaient rendre de grands ser-
vices, quand les glaces vinrent empêcher le dévelop-
pement de cet ingénieux procédé. Une fois de plus
les circonstances climatériques tournaient contre
nous.

Le 11 janvier, MM. Imbert, Roche, Peney, Fontaine
et Leblanc tentèrent sans succès, de franchir les lignes ennemies par la voie souterraine des carrières
de la rive gauche.

Le 14 janvier le directeur des postes accueillit les
propositions de M. Delente, qui s'engageait à se
rendre en province et à faire parvenir, par la voie
d'un bateau sous-marin de son invention, les correspondances privées et autres.

M. Delente partit dans le *Vaucauson*, le 16 janvier,
mais l'investissement prit fin avant que son procédé
fût couronné de succès.

Nous avons déjà dit que les cinq chiens *de bouvier*,
emportés par M. Hurel dans le ballon le *Général
Faidherbe*, avaient été pris par l'ennemi sans qu'aucune lettre ait pu être rapportée à Paris par cette
voie.

Les ballons et les pigeons ont donc été, sauf quelques rares messagers humains, les seuls moyens de
communication entre Paris et la province pendant
ce long siège de quatre mois et demi.

Ces voyageurs aériens ont inspiré à M. Puvis de
Chavannes deux belles compositions. L'une représente *la ville de Paris assiégée confiant à l'air son*

appel à la province. Si nous osions faire une critique, nous reprocherions peut-être à l'artiste d'avoir
donné un corps par trop allongé à la femme qui per-
sonnifie la ville de Paris.

L'autre dessin représente la ville de Paris recueil-
lant un pigeon « échappé à la serre ennemie ». Nous
préférons de beaucoup ce petit tableau au précédent.

La poésie, comme la peinture, célébra les messagers ailés de Paris assiégé. La charmante *Lettre d'un
mobile breton* de M. Coppée est confiée au « prochain
ballon ». Et sans parler des vers de M. Manuel, c'est
une vraie poésie en prose que le joyau ciselé par
Paul de St-Victor: *les Pigeons de la république.*
Nous ne saurions mieux terminer ce sujet qu'en re-
produisant ce petit chef-d'œuvre littéraire :

« Ils sont les colombes de cette arche immense
battue par des flots de sang et de feu. La frêle spi-
rale de leur vol dessine dans les airs l'arc-en-ciel
qui prédit la fin des tempêtes. L'âme de la patrie
palpite sous leurs petites ailes. Que de larmes et de
baisers, que de consolations et que d'espérances
tombent de leurs plumes mouillées par la neige ou
déchirées par l'oiseau de proie ! En revenant à leur
nid, ils rapportent à des milliers de nids humains
l'espoir, l'encouragement et la vie. Plus que jamais
aujourd'hui, et dans le sens le plus pur du mot, ils
sont les oiseaux de l'amour.

« Comme les cigognes des villes du Nord, comme
les pigeons de Venise, ils méritaient de devenir, eux

aussi, des oiseaux sacrés. Paris devrait recueillir les couvées de leur colombier, les abriter, les nourrir sous les toits de l'un de ses temples. Leur race serait la tradition poétique de ce grand siége, unique dans l'histoire. Leurs vols, égrenés dans nos rues et dans nos jardins, feraient souvenir qu'il fut un jour où tous les cœurs de cette grande ville étaient suspendus aux ailes d'un ramier. Une vénération religieuse protégerait ces oiseaux propices.

« Pendant son long siège, Venise, cent fois plus affamée que ne l'est Paris, ne souffrit pas qu'on touchât aux pigeons de Saint-Marc. Le blé manquait, on se disputait un morceau de pain, et pourtant la pâture ne leur manqua pas un seul jour. Venise, mourant de faim, jetait à ses colombes les derniers grains de ses greniers vides :

> Vents, dites-leur notre misère ;
> Oiseaux, portez-leur notre amour !

s'écrient les proscrits de la chanson de Victor Hugo. Cette image du poète est devenue aujourd'hui une réalité vivante et charmante. Ce sont les vents qui racontent à la France les misères et les espoirs de Paris ; ce sont des oiseaux qui portent à ses chers absents son amour. »

Voilà assurément de belle prose poétique ; mais elle a le défaut d'être un peu trop païenne. Nous regrettons que l'écrivain n'ait pas cru devoir élever sa pensée vers le divin Créateur et le remercier d'avoir donné aux petits messagers ailés cet instinct merveilleux qui a apporté tant de consolations aux assiégés. L'oubli de Dieu est d'ailleurs la grande plaie de notre temps, et l'une des causes de nos épouvantables malheurs.

Sursum corda ! Elevons nos cœurs vers Dieu. Que notre société cesse de se considérer comme indépendante du Créateur souverain. Alors sa miséricorde s'étendra sur nous. Travaillons tous à régénérer la France, par la prière, par l'exemple, par les bonnes paroles, par l'encouragement des saines publications, et par l'abstention des lectures immorales et anti-sociales.

Que ceux qui se dévouent à l'enseignement de la jeunesse, (labeur bien dur et bien méritoire!) lui apprennent surtout la pratique du devoir, le respect de la religion, de la loi et de l'autorité. En un mot, que la France devienne plus chrétienne, et elle sera sauvée. C'est là notre vœu le plus cher.

SECONDE ·ÉDITION

SUPPLÉMENT

Depuis l'apparition de notre première édition, M. Gaston Tissandier a fait paraître un volume de 300 pages, très-intéressant, et dont la bonne moitié donne le récit de ses aventures personnelles comme *aérostier militaire* de l'armée de la Loire.

Nous allons lui emprunter quelques lignes qui compléteront et rectifieront certains points de notre travail.

Mais auparavant, nous devons remercier la presse de la bienveillance avec laquelle elle a rendu compte de notre livre, et contribué à assurer le succès de la bonne œuvre que nous avions entreprise.

Le *Français*, l'*Union*, la *Gazette de France*, la *France Nouvelle de 1871* (excellent journal à 5 cent., rue Taitbout 24), ont été des premiers à nous recommander à leurs lecteurs.

Puis le *Gaulois*, le *Journal de Paris*, le *Monde*, le *Moniteur Universel*, le *Courrier du Jura*, l'*Indépendant* et le *Mémorial* de Pau, le *Contemporain* et la *Revue bibliographique* n'ont pas été moins obligeants ni moins charitables.

Merci donc à la presse pour son sympathique concours, et maintenant, résumons brièvement les renseignements complémentaires que nous donne M. G. Tissandier.

M. Bertaux, aéronaute du *Washington* (p. 35) était littérateur et poëte. Déjà malade à son départ, il est mort à son retour à Paris, peu après l'armistice.

Le *Louis Blanc* (id.) descendit dans le Hainault, à Beclerc.

Le *Jules Favre* 1er (p. 39) atterrit à Foix-Chapelle (Belgique).

Le *Lafayette* ou *Jean-Bart* (id.) prit terre à Dinant, Belgique, à 2 h. après-midi.

Le *Victor Hugo* (id.) monté par Nadal (et non Nadar) vint échouer près de Bar-le-Duc.

Le *Lafayette* (p. 40) descendit près de Mézières; et le *Garibaldi* près de Quincy-Segy (Hollande).

C'est encore en Hollande (à Holigenberg) qu'atterrit le *Montgolfier*, (25 octobre).

Les dépêches du *Vauban* (p. 40) furent sauvées ainsi qu'une somme de 15 millions qui, au dire du

Figaro, aurait été confiée aux aéronautes du *Vauban*.
Un curé du voisinage parvint à soustraire ces fonds
à l'ennemi et à les restituer à l'Etat.

Le ballon qui portait M. Worlh, parti le même jour,
s'appelait la *Bretagne*. Nous complétons son itinéraire,
interrompu (p. 41), au moment où M. Manceau (et non
Manciare) fut enlevé à perte de vue par le saut pré-
cipité de MM. Hudin et Cuzon. Nous citons M. de
Fonvielle de la *Liberté* :

« M. Manceau est entraîné comme une flèche dans
la région des nuages. —Il éprouve un froid intense...
Le sang lui sort par les oreilles.... Il a le sang-froid
de tirer de toute sa force la corde de la soupape, et
il retombe avec rapidité. Bientôt il arrive à une prai-
rie, mais entraîné par l'exemple, il saute. Il a mal
calculé la hauteur ; il tombe de 40 pieds de haut et
se casse la jambe. Le ballon rebondit, redescend et
s'aplatit à quelque distance.

» Le malheureux Manceau souffre horriblement, il
patauge en plein marécage au milieu des ténèbres...
Il se traîne péniblement moitié nageant, moitié à
quatre pattes vers une lumière. Ce sont des paysans,
mais en le voyant sortir de l'obscurité, ces insensés
veulent le mettre en pièces. Le curé du village arrive
et le sauve.

» On le transporte dans une cabane ; on le couche,
et le curé commande une escouade de paysans qui
va à la recherche du ballon pour sauver les dépêches. La nuit même, le curé part chargé de ce précieux fardeau... et bien lui en prit, car pendant qu'il
partait, un lâche, un traître allait à Corny, au quar-
tier-général du prince Frédéric-Charles, prévenir de
ce qui était arrivé...

» Le lendemain, des hommes du 4e uhlans vinrent
» enlever Manceau. Ces misérables l'obligent, à
» coups de crosse de fusil, à se traîner, malgré
» sa blessure. On le mène ainsi à Mayence où il
» arrive dans un état affreux. Pour le guérir, on
» le jette dans un cachot où l'on oublie pendant
» deux jours de lui donner à manger. Puis on le fait
» paraître devant le général qui procède à son
« interrogatoire. Le malheureux était fusillé s'il
» n'avait eu dans sa poche un contrat d'association
» prouvant qu'il était simple négociant. »

Les Prussiens finirent par s'humaniser; on donna

à M. Manceau des éclisses pour guérir sa jambe
cassée, et on l'interna dans la ville. M. de Bismark fit même prévenir Mme Manceau de la captivité de son mari qui put revenir plus tard à
Paris complètement guéri.

Le *colonel Charras* (p. 42) descendit près de Monti-
gny (Haute-Marne). M. Tissandier raconte l'histoire
d'un préfet qui prit ce ballon pour un vrai colonel,
(renouvelé du Pirée).

Le matelot du *Fulton* (p. 43) mourut à Tours, d'une
fluxion de poitrine, huit jours après son arrivée.

M. Lemercier de Jauvelle, parti dans le *Ferd. Flocon*,
et descendu près de Chateaubriand (Loire-Inférieure), avait pour mission de rétablir les fils télégraphiques auprès de Fontainebleau, pour les faire
communiquer avec un fil souterrain allant à Paris.
Malgré des efforts inouïs, il ne put réussir.

Les voyageurs du *général Uhrich* (p. 62), partis à
11 heures du soir, sont restés 10 heures en ballon
pour aller de Paris à Luzarches ! Poussés par des
courants successifs, ils ont dû traverser Paris plusieurs fois pendant la nuit. C'est l'antithèse du voyage
à Christiania.

Le matelot Prince (p. 102) aurait été aperçu par
un navire anglais en vue de Plymouth; mais tout
fait supposer qu'il a trouvé dans l'Océan une mort
affreuse que M. Tissandier décrit lugubrement.

L'aéronaute de la *Bataille de Paris* (p. 104), M. Poir-
rier, gymnaste, conduisait MM. Lissajoux et Youx, il
prit terre à Grand-Champ (Bretagne), par un vent
violent qui rendit la descente très-dangereuse.

Avant le *Papin* (p. 105), partit l'*armée de Bretagne*
(aéronaute Surrel), atterri à Bouillet (Deux-Sèvres).
L'aéronaute fut assez grièvement blessé.

Ce n'est pas près de Silly qu'atterrirent le *Parmentier*
et le *Gutenberg* (p. 118), mais dans la Marne, le premier à Gourganson, le second près Montpreux.

Le *général Chanzy* (p. 120) fut pris avec ses passagers près de Rotemberg (Bavière). L'expédition avait
pour but d'organiser un corps de plongeurs qui
seraient revenus à Paris par la Seine, à l'aide de
scaphandres.

La *Délivrance* (p. 122), descendit près de La Roche
(Morbihan), après avoir fait 500 kilomètres en
8 heures.

Avant le *Tourville* (id.), on lança le *Rouget de l'Isle* (aéronaute Jahn, passager M. Garnier), qui arriva le 24 décembre près d'Alençon, après 6 heures de traversée.

Le Newton (p. 124), fut précédé par le *Merlin de Douai* (aéronaute Griseaux, passager M. Eug. Tarbé), parti le 3 janvier à 4 heures du matin, et descendu à Massay (Cher), vers midi. (Entreprise particulière)

Après le *Vaucanson* (p. 126), fut lancé le *Steenaekers* (aéronaute Vibert), atterri le 16 janvier à Hynd (Hollande).

Le *Monge* (id.), est descendu près de Harfeuilles (Indre).

Le *général Bourbaki* (id.), n'est pas tombé en mer, mais près de Reims.

Après ces rectifications, il ne nous reste qu'à exprimer de nouveaux regrets sur les aéronautes morts (Lacaze, Prince, Bertaux et Le Gloënnec), à compléter la bibliographie du siége (voir la couverture) et à répéter le cri de nos pères: *Que Dieu protège la France !*

SUPPLÉMENT A LA BIBLIOGRAPHIE DU SIÈGE.

Martial, Paris pend. le siège. 12 belles eaux-fortes avec notes, 20 f.
   Id.   Paris pendant la Commune, chez Cadart et Luce, 20 fr.
5 autres séries à 20 fr.
La guerre illustrée et le Siège de Paris, in-folio. 560 pages, nombreuses gravures, A. Marc, rue Richelieu, 60.
Francis Wey. Chronique du siège. Hachette. 3 fr. 50.
G. de Molirèni. Les clubs rouges pendant le siège Garnier. 3 fr. 50
T. de St-Germain. La guerre de 7 mois. Armand Colin. 2 fr. 50.
Th. Gautier. Tableaux de siège. Charpentier. 3 fr. 50.
St-Edme. La science pendant le siège. Dentu. 3 fr.
G. Tissandier. En ballon pendant le siège. id. 3 fr.
Doct. Joulin. Les caravanes d'un chirurgien pend. le siège. id. 2 f.
A. de Grandeffe. Mobiles et volontaires de la Seine. id. 3 fr.
D. Jouaust. Lettre-Journal du siège, réimprimé. 1 vol. in-8. 3 fr.
J. Noriac. L'ouvrage annoncé n'a pas paru.
La poésie pend. le siège (18 volums à 50 c.), chez Lemerre, par F. Copée, 2 vol. Bergeret, 5 vol. Theuriet, 1 vol. Mendès , 2 vol. J Soulary, 1 vol. 1 fr., etc.
B. de Villiers, siège de Paris. Le 5 secteur, in-8. Bachelin 5 fr.
J. d'Arsac. Les frères pend. la guerre, in-8. 16 grav. Curot. 8 fr
Album. Extrait de ce livre, avec 52 pages de texte, id. 2 fr.
J. d Arsac. La Commune de Paris, suite du Mémorial. id. 4 fr.
J. Jeannel. De Dijon à Brême, tablettes d'un otage. A Colin 2 f. 50.
de Villiers et de Taracs. Paris sauvé. J. Mollic, 2 fr. 50.
Molend. Lettres par ballon monté. Garnier, 3 fr. 50.

BIBLIOGRAPHIE

DU SIÉGE DE PARIS.

Ces indications sont données à titre de renseignement, sans que l'auteur recommande spécialement
tel ou tel ouvrage.

— *Journal du siége de Paris* publié par le *Gaulois*.
  1 fort vol. in-8° à 2 colonnes. — 6 fr. (pour
  les abonnés 4 fr.)
— *Journal du siége de Paris* publié par le *Figaro*
  6 numéros, format du journal. — Prix 1 fr. 50.
— *Chronique du siége de Paris* publié par *Paris-
  Journal.* 1 vol. in-8° à 2 colonnes. (gratis
  pour les abonnés).
— *Mémorial du siége de Paris*, par J. d'Arsac.
  1 fort vol. in-12 avec carte. Curot éditeur; 4 fr.
— *Paris assiégé* par J. Claretie 1 vol. in-18 Le-
  merre éditeur. — Prix 3 fr.
— *Le siége de Paris* par F. Sarcey 1 vol. in-12.
  E. Lachaud éditeur. — Prix 3 fr.
— *Les ballons pendant le siége de Paris* par G. de
  Clerval 1. volume in-12. F. Wattelier éditeur,
  (Pau, chez Ariza). —Prix 1 fr. 50. Se vend au
  profit des victimes de la guerre.

— *La poésie pendant le siége de Paris*. Série de 6 petits volumes in-18 comprenant : La lettre d'un mobile breton par F. Coppée ; Lemerre éditeur ; chaque vol. 50 cent.

— *Tablettes d'un mobile*, journal historique et anecdotique du siége de Paris, par Léon de Villiers et G. de Targes, 1 fort vol. in-18 Jésus. J. Mollie éditeur. — Prix 3 fr.

— *La défense de Paris en* 1870-1871, par un chef de bat. du génie, un vol. in-18 Jésus. Dumaine éditeur.

— *Histoire du siége de Paris* 1870-1871 par Jules Noriac, 1 vol. grand in-8° de 480 pages. — Mignot édit. 7 fr. 50 (avec grav. 10 fr.)

— *Journal du siége de Paris*. Décrets, proclamations, ciculaires, etc., authentiques et autres, publiés par Georges d'Heilli. 25 cent. la livraison in 8°. Librairie Maillet. (formera plusieurs volumes.)

— *Les fortifications de Paris, Vauban et le gouvernement parlementaire* par Georges Picot. Br. in-18. 2ᵐᵉ édit. — Prix 50 cent.

TABLE DES MATIÈRES

—

Pau — Imp. Veronese.